대승불교의 정수
반야심경

어플 경전강의 시리즈 02

대승불교의 정수

반야심경

불광출판사

책머리에

●

　마당가에 핀 작은 제비꽃이 가끔씩 불어오는 봄바람에 줄기와 잎을 내맡긴 채 흔들리고 있다. 저 여린 것이 지난겨울의 그 모진 추위를 어떻게 견뎌내고 신기하게도 저런 보랏빛 꽃을 피워냈을까? 어찌 넓고 넓은 세상에 하필이면 저 자리에 뿌리를 내리게 되었을까? 저 꽃이 얼마 후에는 좁쌀보다 작은 씨앗을 맺은 후 툭툭 터트리면서 멀리 흩어질 것이다. 그 씨앗에는 개미가 좋아하는 영양원인 젤리 같은 하얀 지방산 덩어리가 붙어 있는데 개미가 물어다 옮겨가서 그걸 먹고 씨앗은 버릴 것이다. 그 자리에 이듬해 다시 싹이 돋아 꽃을 피우고 열매를 맺게 될 것이다. 저 제비꽃도 아득한 옛적부터 오랜 세월 동안 그런 과정을 거치고 거쳐서 지금 저 자리에 잠시 동안 저런 모습으로 피어 있을 터이다. 그리고 얼마 후에 꽃잎은 흩어지고 뿌리조차 사라지지만, 그 꽃이 머물던 자리는 다시 다른 것이 메울 것이다. 지금 잠시 동안 피었다가 사라질 저 제비꽃의 실체는 무엇일까?

　존재하는 모든 것은 봄날의 햇살 속에 다가왔다 스러지는 바람 같은 것이다. 이 세상의 온갖 현상은 물거품이나 허깨비처럼 인연의 흐름 가운데 잠시 나타난 허상이며 거울 속의 그림자 같은 것이다. 바람이 아무리 세차게 불어도 허공에 자국이 남지 않고, 그림자 얼룩져도 거울의 본바탕에 흔적이 남지 않는다. 고개 돌려 바라보면 피어오르는 아지랑이나 오가는 뜬구름 그림자 너머에 가없는 허공이 펼쳐 있고 부질없는 물거품도 영원한 진리의 바다 가운데서 출렁거리고 있는 것이니, 잠시 동안 피었다가 지는 작은 제비꽃에도 영원한 세월 밖의 봄이 흐른다. 피고 지는 풀잎마다 오고가는 사물마다 세상의 모든 것이 진리를 남김없이 드러내니, 온 누리 그대로 청정한 부처의 얼굴이며 위대한 신의 메아리이다.

진리를 깨달으신 부처님께서 미몽(迷夢)을 깨우듯 깨달음의 길을 가르치신 것이 '마하반야바라밀다'라고 하였다. 그러나 '마하반야바라밀다'는 참으로 말하기 어려워서 성인(聖人)들도 입을 다물었다고 한다. 그런데 하물며 '마하반야바라밀다'의 핵심인 『반야심경(般若心經)』에 대해 너스레를 떨었으니, 벙어리의 꿈 이야기를 장님이 그림으로 그려 놓은 꼴이 되고 말았다.

봄기운 나른하여 졸음에 겨운데
바람결에 풍경소리 칭얼거린다.
뎅그렁…… 뎅~그렁…

2011. 4.
조계산(曹溪山) 적취당(積翠堂)에서
현봉 합장

목차

서문 ● 004

01장
◉
**아함경
에서
반야심경
까지**

부처님의 생애에 나타난 깨달음의 의미 ● 010
경전의 결집과 대승보살의 등장 ● 027
대승불교 수행의 길, 육바라밀 ● 031
반야부 경전이란 ● 036
반야심경의 여러 가지 번역본 ● 042

02장

위대한 깨달음의 지혜, 반야심경

위대한 깨달음의 지혜를 완성하는 길 ● 050

깨어나 바라보면 모든 것은 텅 빈 꿈속의 일 ● 054

거울 속의 그림자 ● 085

생긴 것도 사라진 것도 아니다 ● 099

꿈을 깨니 서창에 달빛만 비춘다 ● 107

내 집 살림 다 부수니, 간 곳마다 주인이네 ● 119

나고 죽음 가운데 무생(無生)의 길이 있다 ● 126

허공처럼 텅 비어 거룩함도 없어라 ● 137

지혜로운 가난은 세상을 얻는다 ● 148

길이 끝나는 곳에 고향이 있다 ● 151

반야는 모든 부처님의 어머니 ● 163

진리의 메시지 ● 175

깨달음의 찬가 ● 194

부록

반야심경 약본 ● 206
요진 구마라집 삼장의 반야심경
당 현장 삼장의 반야심경

반야심경 광본 ● 212
계빈국 반야 삼장과 이언 삼장의 반야심경
마가다국 법월 삼장의 반야심경

아함경에서 반야심경까지

부처님의 생애에 나타난 깨달음의 의미

●

『반야심경』을 이해하기 위해서 우리는 먼저 석가모니 부처님의 생애와 대승불교를 살펴보아야 한다. 부처님의 삶과 깨달음에서 대승불교의 정수인 『반야심경』의 참뜻을 엿볼 수 있기 때문이다.

지금부터 2,600여 년 전 오늘날의 네팔과 인도의 국경 부근, 히말라야 남쪽의 카필라(Kapila) 국은 샤캬(Śākya, 석가釋迦) 족이 모여 살고 있는 평화로운 나라였다. 카필라는 쌀을 주식으로 하는 농업국이었다. 그때 샤캬 족의 왕은 숫도다나(Suddhodana, 정반왕淨飯王)였으며, 왕비는 마야(Maya, 마야摩耶) 부인이었다.

마야 왕비는 태자를 낳지 못하여 늘 걱정하였는데, 어느 날 도솔천(兜率天)에서 호명(護明) 보살이 여섯 개의 어금니를 가진 하얀 코끼리를 타고 옆구리로 들어오는 꿈을 꾸고 난 뒤에 태기가 있었다. 왕비는 해산할 때가 되자 당시의 풍습에 따라 친정인 콜리(Koli)국 데바다하(Devadaha)로 가는 도중에 아름다운 꽃이 활짝 핀 룸비니(Lumbini) 동산에서 잠시 쉬었다. 마침 봄바람에 실려 오는 무우수(無憂樹)의 꽃향기에 취해 그 가지를 잡다가 산기를 느껴 싯다르타(Siddhārtha) 태자(太子)를 낳게 되었다.

부처님의 탄생 설화에 의하면, 태자가 태어나자마자 동서남북 사방으로 일곱 걸음씩을 걸은 다음, 한 손은 하늘을 가리키고 한 손은 땅을 가리키면서 다음과 같이 외쳤다고 한다.

"하늘 위나 하늘 아래에 오직 나 홀로 존귀하네.
이 세상은 모두 고통이니 내가 마땅히 편안케 하리라."
天上天下 唯我獨尊 三界皆苦 我當安之

이 설화는 부처님께서 이 세상에 출현한 의미를 상징하는 것으로, 가장 고귀한 진리를 깨달아 이 세상의 모든 고통을 건지겠다는 서원인 것이다.

태자가 탄생하였다는 소식을 듣고 아시타(Asita) 선인(仙人)이 찾아왔다. 그는 왕자의 관상(觀相)을 보고 "왕위를 계승하면 전륜성왕(轉輪聖王)이 될 것이고 출가를 하면 부처님이 될 것"이라고 예언하였다. 이 말을 들은 아버지 슛도다나 왕은 태자의 이름을 '모든 것을 성취한 자'라는 뜻의 '싯다르타(Siddhārtha, 실달다悉達多)'로 지었다.

태어난 지 7일 만에 어머니인 마야 부인을 잃은 싯다르타 태자는 이모인 마하프라자파티(Mahāprajāpatī, 마하파사파제/摩訶波闍波提) 왕비의 자상한 보살핌을 받으며 자랐다. 왕궁의 풍요 속에서 싯다르타 태자는 총명하고 건강하게 성장하였다. 일곱 살 때부터 학문과 무예를 익히기 시작하였는데, 모든 것을 통달하여 더 이상 가르침을 받을 만한 스승이 없었다.

아버지인 슛도다나 왕은 태자를 위해 계절에 따라 생활하도록 삼시궁(三時宮)을 만들었는데 겨울을 위한 궁전과 여름을 위한 궁전과 장마철을 위한 궁전이었다. 그리고 청(靑)·홍(紅)·백(白)의 수많은 연꽃이 핀 연못을 만들고, 향료는 전단향(栴檀香)만 사용하였으며 몸에는 가장 좋은 비단옷을 걸치게 하였다. 장마철 넉 달 동안은 음악을 연주하며 궁녀들에게 둘러싸여 결코 밖에 나가는 일이 없었으며, 장마철이 아닌 때는 무예와 학문을 닦으면서 전륜성왕(轉輪聖王)이 되기 위한 수업을 하였다. 그러나 성 밖으로 나가는 외출만은 언제나 금지시켰는데 태자가 현실세계의 고통을 모르게 하기 위한 것이었다.

어느 봄날 태자는 부왕과 함께 농경제(農耕祭)에 참석하게 되었다. 백성의 대부분이 농사를 짓는 카필라 국에서 밭갈이 농경제는 국가적으로 매우 중요한 행사였다. 농경제를 통해서 백성들은 한 해 농사의 시작을 알리며 풍년을 기원하곤 하였다.

그때 들에서 마르고 핏기 없는 농부가 밭을 갈고 있었다. 그런 광경을 처음 보게 된 싯다르타 태자는 가까이 다가가 살펴보았다. 쟁기를 끄는 소는 농부가 휘두르는 채찍을 맞으며 힘겹게 앞으로 나아가고 있었다. 쟁기가 가르고 지나간 흙 속에 꿈틀거리는 작은 벌레와 쟁기날에 찍혀 토막나 죽어가는 벌레들을 새들이 날아와서 쪼아 먹는 것을 보게 되었다. 고단한 삶 속에서 목숨을 가진 모든 것이 먹기 위해서 서로 죽이고 죽임을 당하는 약육강식의 현장을 처음으로 직접 목격하고 큰 충격을 받은 싯다르타 태자는 잠부(Jambu, 염부閻浮) 나무 밑에서 깊은 명상에 잠겼다.

이를 지켜 본 슛도다나 왕은 "출가하여 수행하면 부처님이 될 것이다."라는 아시타 선인의 예언을 떠올리며, 태자를 세상과 더 격리시키면서 호화스런 생활을 즐기게 하여 출가의 길을 미리 막으려고 더욱 노력하였다. 그러나 태자의 가슴속에 자리한 고뇌는 더 깊어만 갔다.

어느덧 세월이 흘러 열아홉 살 청년이 된 태자는 외사촌인 콜리(Koli) 국의 야쇼다라(Yaśodharā, 야수다라耶輸陀羅) 공주를 아내로 맞이하였다. 슛도다나 왕과 마하프라자파티 왕비는 단란하고 행복한 가정을 꾸리게 된 태자를 바라보면서 흐뭇한 마음을 감출 길이 없었다. 슛도다나 왕은 이제 곧 손자가 태어나게 될 것이고, 그러면 태자는 가정과 나라를 지키기 위해 더욱 열심히 노력하게 될 것이라고 생각하였다.

그러던 어느 날 태자는 백성들이 사는 모습을 살피기 위해 몰래 성 밖으로 유람을 나섰다가, 동문(東門)과 남문(南門)과 서문(西門)에서 각각 늙은 사람, 병든 사람 그리고 죽은 사람의 시체를 보게 되었다. 경전에는 그때 태자가 느낀 심정을 이렇게 전하고 있다.

"인간은 태어나면 결국 늙고 병들어 죽게 된다. 어머님은 이미 세상을 떠나셨고, 아버님도 그리고 나도 언젠가는 죽게 될 것이다. 이 세상에 태어난 자는 필연적으로 늙고 병들어 죽는 괴로움을 겪게 마련이니, 아! 인생은 허무하고 괴로운 것이다. 우리가 아무리 몸부림쳐도 벗어날 수 없는 죽음의 수렁이 앞을 막아섰구나."

생명을 가진 자는 누구도 이 고통에서 벗어날 수 없다는 것을 확인하고 번민하던 태자는 어느 날 북문(北門)으로 나갔다가 어떤 수행자를 발견했다. 수행자의 모습은 여유롭고 평화스럽게 보였으며 그의 눈에는 깊은 사색으로 지혜가 담겨 있었다. 싯다르타 태자는 수레를 멈추고 물었다.

"그대는 무엇을 하는 사람이요? 나는 당신처럼 평화스러움을 느끼게 하는 사람을 일찍이 본 적이 없소."
"저는 출가한 사문(沙門)입니다. 사문이란 가정을 떠나 세상의 번잡한 일을 모두 잊고 오직 인간의 괴로움을 해결할 수 있는 진리를 찾아서 수행하는 사람을 말합니다."

왕궁의 영화와 권세, 향락과 사치 그리고 어떤 학문이나 많은 종교에서도 생로병사로부터 벗어나는 길을 찾지 못했던 태자는 출가 수행자에게서 그 길을 찾게 되었다. 이렇게 동서남북 네 방향으로 난 성문 밖으로 나가 인생의 생로병사와 출가 사문의 길을 알게 된 것을 사문유관(四門遊觀)이라고 부른다. 새로운 길을 찾은 환희심에 태자는 그 후부터 생로병사의 괴로움을 벗어나기 위한 사유(思惟)를 하기 시작하였다. 경전에는 이렇게 적고 있다.

"나는 언제나 복되고 자상한 여러 사람들의 은혜를 입으면서도, 늘 이와 같이 생각하였다. '세상의 어리석은 사람들은 자기 자신이 늙고 병들고 죽는다는 것을 알지 못한다. 또한 늙고 병들고 죽는 것을 피할 수 없다는 것을 알지 못한다. 그리고 다른 이의 늙음과 병듦과 죽음을 보고는 비웃는다. 나 자신도 늙고 병들어 죽을 몸인데, 다른 이가 늙고 병들어 죽는 것을 보고 비웃는 것은 옳지 않다.' 이와 같이 나는 생각하고, 덧없는 젊음에 대한 자랑과 덧없는 건강에 대한 자부심과 덧없는 삶에 대한 긍지(矜持)를 모두 버렸다."

"나는 '왜 태어나서 늙고 병들어 죽게 되고, 슬픔과 번뇌에 가득 차 있으면서도 이러한 고통을 찾는가? 태어나서 늙고 병들며 슬퍼하고 번뇌하는 그 가운데에 고통이 있음을 알았으니, 나지 않고 늙지 않고 병들지 않고 죽지 않으며 그리고 슬픔이 없고 번뇌가 소멸된 고요한 열반(涅槃)을 구해야 하지 않겠는가?' 하는 생각이 들었다."

이처럼 총명하고 감수성이 뛰어났던 싯다르타 태자는 자라면서 세상의 무상함과 그 고통에서 벗어나기 위해 항시 깊이 고민하였다.

스물아홉 되던 해, 진리를 추구하려는 그의 앞에 장애(障礙)가 생겼다. 아내인 야소다라 비가 아들을 낳은 것이다. 그래서 그에게 '라훌라(Rāhula, 라후라 羅睺羅)'라는 이름을 지어 주었다. 라훌라는 장애라는 뜻이었다.

싯다르타 태자는 아직 젊고 혈기 왕성하며 왕위도 보장된 축복된 삶이었지만, 세속의 향락 속에 있으면서 완전하고 청정한 도(道)를 닦는 것이 어렵다는 것을 깊이 느끼고 있었다. 그래서 때가 되면 머리와 수염을 깎고 황갈색(黃褐色)으로 물들인 옷을 입고 집을 떠나 세속의 향락에서 벗어나 진리를 찾아 나서리라고 결심했다.

드디어 싯다르타 태자는 인간의 생로병사와 모든 이들이 겪는 고통에 대한 근본 문제를 해결하기 위해서 어느 날 왕성을 몰래 빠져나와 출가하게 되었다.

출가 후에 6년 동안 온갖 고행을 하면서 여러 스승을 찾아 가르침을 구했으나 모두 만족하지 못했다. 그러다가 다시 큰 서원을 세우고 물러나지 않는 용맹심을 내어 정진하다가 부다가야의 보리수 아래에서 새벽에 밝은 별을 보고 큰 깨달음을 이루게 되었다.

이후에 '큰 깨달음을 이루신 성자(聖者)'라는 뜻에서 '붓다(Buddha, 불佛)'라고 불리게 되었는데, 우리말로는 '부처' 또는 높여서 '부처님'이라고 한다. 또한 샤캬(Śākya, 석가釋迦) 족 출신의 무니(muni), 즉 성자(聖者)라는 뜻으로 샤캬무니(Śākyamuni) 붓다(Buddha), 우리말로 석가모니 부처님이라고 불리기도 한다.

인간 싯다르타가 깨달음을 얻어 마침내 부처님이 되었다는 것은 부인할 수 없는 역사적 사실이다. 그런데 부처님은 무엇을 깨달았으며 어떤 심경의 변화가 일어나 부처님이 되셨을까? 깨달음이란 깨달음을 얻은 사람의 내면적인 경지이기 때문에 다른 사람이 넘볼 수 있는 것이 아니다. 그러나 우리는 부처님께서 설하신 경전을 통해 대충 짐작할 수는 있다. 남전(南傳)대장경에 들어 있는 『자설경(自說經)』은 그때의 일을 다음과 같이 전하고 있다.

나는 이렇게 들었다. 어느 때 정각(正覺)을 이루신 부처님은 우루벨라의 네란자라 강가에 있는 보리수 아래에 머물고 계셨다. 그때 부처님은 한 번 결가부좌한 그대로 7일 동안 해탈의 기쁨을 누리면서 앉아 계셨다. 7일이 지난 후 초저녁 무렵 부처님은 삼매(三昧)에서 일어나 다음과 같은 순서로 연기(緣起)의 법을 생각하셨다.

'이것이 있으면 저것이 있고, 이것이 생기면 저것이 생긴다.

즉 무명(無明)에 의해서 행(行)이 있다. 행에 의해 식(識)이 있으며, 식에 의해 명색(名色)이 있고, 명색에 의해 육입(六入)이 있으며, 육입에 의해 촉(觸)이 있고, 촉에 의해 수(受)가 있으며, 수에 의해 애(愛)가 있고, 애에 의해 취(取)가 있으며, 취에 의해 유(有)가 있고, 유에 의해 생(生)이 있으며, 생에 의해서 노(老)·사(死)·수(愁)·비(悲)·고(苦)·우(憂)·뇌(惱)가 있다. 모든 괴로움은 이렇게 해서 생기는 것이다.'

부처님은 모든 일의 연유를 알고 그때의 감흥을 게송으로 읊었다.

열성을 다해 진지하게 사유하던 수행자에게
만법의 이치가 확실해질 때
그의 의혹은 깨끗하게 사라진다.
모든 법은 그 원인이 있음을 깨달았기 때문에.

이어서 다음과 같이 말하고 있다.

7일이 지난 뒤 한밤중에 부처님은 삼매(三昧)에서 나와 다음과 같이 연기의 법을 거꾸로 '여기서는 연멸(緣滅)이라 할 수 있다.'라고 생각하셨다.

'이것이 없으면 저것이 없고, 이것이 사라지면 저것이 사라진다. 즉 무명(無明)이 사라지면 행(行)이 사라지고, 행이 사라지면 식(識)이 사라지며, 식이 사라지면 명색(名色)이 사라지고, 명색이 사라지면 육입(六入)이 사라지며, 육입이 사라지면 촉(觸)이 사라지고, 촉이 사라지면 수(受)가 사라지며, 수가 사라지면 애(愛)가 사라지고, 애가 사라지면 취(取)가 사라지며, 취가 사라지면 유(有)가 사라지고, 유가 사라지면 생(生)이 사라지며, 생이 사라지면 노(老)·사(死)·수(愁)·비(悲)·고(苦)·우(憂)·뇌(惱)가 사라진다. 모든 괴로움은 이렇게 해서 사라지는 것이다.'

부처님은 그때의 감흥을 게송으로 읊었다.

열성을 다해 진지하게 사유하던 수행자에게
만법의 이치가 확실해질 때
그의 의혹은 깨끗하게 사라진다.
모든 법의 연유가 사라짐을 깨달았기 때문에.

부처님이 보리수 아래 의연히 앉아 사유하다가 '만법의 이치가 확실해질 때'가 바로 깨달음[正覺]을 이룬 때이다. 중국의 선승들이 즐겨 사용하는 표현대로 한다면 '확철대오(廓徹大悟)' 또는 '만법(萬法)이 드러나 감출 것이 없는 경지'이다.

이 『자설경』의 문장은 부처님이 깨달음 직후에 그것을 정리하는 과정이다. 먼저 부처님은 '7일이 지난 뒤' 삼매에서 나와 초저녁 무렵에는 순관(順觀)의 연기법을 깨닫고 한밤중에는 역관(逆觀)의 연기법을 깨달은 것이다. 이 두 감흥게 가운데서 첫 구절을 뽑아 정리하여 그것을 '연기의 법칙'이라고 한다.

> 이것이 있으면 저것이 있고(此有故彼有)
> 이것이 생기면 저것이 생긴다(此起故彼起).
> 이것이 없으면 저것이 없고(此無故彼無)
> 이것이 사라지면 저것이 사라진다(此滅故彼滅).

연기법의 원리가 적용되는 모든 존재에는 세 가지 특성이 있다. 첫째는 모든 것은 변화한다는 것이다[諸行無常]. 모든 존재는 연기의 원리에 의해 조건이 형성되어 일시적으로 나타난 것이므로 영원한 것이 없다. 둘째는 모든 존재의 현상은 실체적 자아가 없다는 것이다[諸法無我]. 인연과 조건에 의해 생겨난 존재의 현상은 그 조건이 해체되면 사라지고 만다. 그러므로 어떤 존재가 실재한다는 허망한 몽상에서 깨어나야 한다. 셋째는 변하는 것들은 모두 괴롭다는 것이다[一切皆苦]. 모든 것은 인연에 의해 화합(和合)하여 일시적으로 존재하면서 변하는 것인데 거기에 집착하는 것이 모든 괴로움의 원인이 될 뿐이다. 이 셋은 어느 누구도 부정할 수 없는 진리라는 뜻에서 삼법인(三法印)이라고 한다.

부처님은 깨달은 후에도 보리수 아래 머물며 한동안 삼매에 들어 있었다. 부처님은 깨달음의 내용이 매우 심오하고 난해하기 때문에 다른 사람들에게 말하더라도 이해되지 않을 것이라고 생각하셨다. 이때 최고의 신(神)인 범천(梵天)이 부처님께 귀의하고 중생을 위해 설법해 주실 것을 세 번이나 간청하였다. 그리하여 마침내 부처님은 고통 속에 허덕이는 중생을 지혜의 길로 이끌기 위해 진리의 수레바퀴를 굴리기 시작하셨다.

범천의 간청에 따라 설법을 결심한 부처님은 먼저 예전에 함께 수행하다가 부처님이 고행을 그만 두었을 때에 타락한 사문이라 비난하고 떠났던 다섯 수행자를 찾아 바라나시 부근의 사르나트로 갔다. 다섯 수행자는 멀리서 부처님이 오시는 것을 보고 타락한 싯다르타에게 아는 체도 하지 않기로 하였으나, 부처님께서 다가오자 그 위엄과 자비에 압도되어 자신도 모르게 무릎을 꿇고, 절을 하고 자리를 권하였다. 부처님께서는 그들을 위해 첫 설법을 시작하셨다.

"수행자들아, 이 세상에는 두 가지 극단으로 치우치는 길이 있다. 그 하나는 육체의 요구대로 자신을 내맡기는 쾌락의 길이고, 또 하나는 육체를 너무 지나치게 괴롭히는 고행의 길이다. 수행자는 이 두 극단을 버리고 중도(中道)를 배워야 한다. 나는 바로 중도를 깨달았으며, 중도에 의하여 생로병사의 온갖 괴로움을 버리고 평화로운 해탈의 기쁨을 얻었느니라."

    이어서 사성제(四聖諦)를 가르치셨다. 사성제란 '네 가지 성스러운 진리'라는 뜻으로 사제법(四諦法)이라고도 하는데, 중생이 고통과 번뇌·망상에서 헤매는 것을 구제하기 위해 설한 네 가지 진리를 말한다. 사성제를 자세히 살펴보면 다음과 같다.

고성제(苦聖諦)

●

    중생이 살아가는 데 있어 네 가지 괴로움이 있는데 나고 늙고 병들고 죽음이 있다. 여기에 사랑하는 것을 잃어야 하는 괴로움[愛別離苦], 싫은 것을 만나는 괴로움[怨憎會苦], 갖고 싶은 것을 갖지 못하는 괴로움[求不得苦], 몸과 마음이 뜻대로 되지 않는 괴로움[五陰盛苦]을 더하여 인생의 팔고(八苦)라고 한다. 이러한 개인의 고통뿐만 아니라 세상이 복잡해진 요즈음은 각종 사회적인 문제나 환경의 재난이 더욱 치성한 고해(苦海)이기도 하다.

집성제(集聖諦)

●

위와 같은 여러 고통의 원인은 연기적인 관계 속에 일어난 탐착과 애욕이 누적되고 집합(集合)되어 생긴 것이다. 그 대표적인 것으로는 좋은 것만 보고자 하는 욕심, 좋은 소리만 듣고자 하는 욕심, 좋은 향기만 맡고자 하는 욕심, 맛있는 음식만 먹고자 하는 욕심, 좋은 감촉만 접촉하고자 하는 욕심 등이다. 또는 재욕(財慾), 색욕(色慾), 식욕(食慾), 명예욕(名譽慾), 수면욕(睡眠慾) 등이다. 이런 것이 중생의 대표적인 욕심(欲心)이며, 그로 인해 남의 목숨을 해치거나 도둑질하거나 모함하고 거짓말을 일삼게 되니 얼마나 어리석은지를 알아야 한다.

멸성제(滅聖諦)

●

멸(滅)은 적멸(寂滅) 곧 열반(涅槃)의 다른 이름이다. 모든 괴로움이 소멸한 불교의 이상적인 경지를 말한다. 따라서 세 번째인 멸성제는 '괴로움은 해결될 수 있다'는 이상을 제시하여 확신을 심어주고 이를 성취하도록 보리심을 내게 하는 가르침이다.

도성제(道聖諦)

●

도성제는 고액(苦厄)이 사라진 적멸의 경지로 나아가기 위한 방법이다. 구체적으로 여덟 가지 바른 길을 제시하는데 이를 팔정도(八正道)라고 한다. 정(正)이란 바르다는 뜻으로 중(中)을 가리키며 팔정도는 극단에 치우치지 않은 중도(中道)의 실천을 말한다. 부처님께서는 팔정도의 실천을 통해 열반을 증득하도록 가르치셨다. 팔정도를 하나씩 자세히 살펴보면 다음과 같다.

정견(正見):

바른 견해. 존재의 실상을 바로 보는 것이다. 즉 진리를 깨달아 사물의 실체를 바르게 보는 것을 말한다.

정사유(正思惟):

바른 사유. 모든 현상이 일어나게 되는 연기의 이치를 바르게 사유하는 것이다.

정어(正語):

바른 말. 사물을 바로 보고 바른 생각으로 지혜롭게 살피면서 이치에 합당한 바른 말을 하는 것이다.

정업(正業):

바른 행동. 정견(正見)으로 바르게 사유하고[正思惟], 올바른 말[正語]로 청정한 행동을 실천하는 것이다.

정명(正命):

바른 생활. 말과 생각화 행동의 삼업(三業)을 청정히 하면서 십악(十惡)을 짓지 않고 올바른 수단과 직업으로 생활하는 것이다.

정정진(正精進):

바른 노력. 선을 증대시키고 악을 짓지 않으면서 그런 삶을 물러나지 않고 정밀하게 실천해 나가는 것이다.

정념(正念):

바른 관찰. 우리의 몸과 마음이 어떻게 움직이는지 잘 관(觀)하는 것으로 늘 깨어 있는 마음을 말한다. 찰나마다 일어나는 사념(思念)을 잘 살피고 바로 알아차리며 정진에 게으르지 않고 수행하면서 마음이 늘 깨어 있는 것이다.

정정(正定):

바른 선정. 마음을 안정시켜 바른 선정을 이루는 것이다.

이어서 다섯 수행자들에게 연기법(緣起法)과 삼법인(三法印) 등을 가르쳤다. 이것을 최초의 설법, 즉 초전법륜(初轉法輪)이라고 한다.

처음으로 설법하고 얼마 안 되었을 때, 한 장자(長者)의 아들인 청년 야사와 그의 친구들이 출가하여 부처님을 따랐다. 그리고 아들을 찾으러 왔던 야사의 부모도 부처님의 설법을 듣고, 재가의 신도로서 부처님께 귀의(歸依)하여 우바새와 우바이가 되었다. 이로써 교주(敎主)이신 부처님[佛寶]과 부처님의 가르침[法寶]과 부처님을 믿고 따르는 제자[僧寶], 즉 불·법·승의 삼보(三寶)를 갖춘 불교 교단이 비로소 성립된 것이다. 이후에 부처님은 45년 동안 승단(僧團)을 이끌며 교화 활동을 하시다가 80세에 열반(涅槃)에 드시었다.

경전의 결집과
대승보살의 등장

●

부처님이 열반하신 후 부처님의 가르침을 정리하기 위해 상수(上首) 제자인 마하카샤파(Mahākāśyapa, 마하가섭摩訶迦葉) 등이 중심이 되어 500명의 비구들이 라자그리하(Rajāgṛha, 왕사성王舍城)에 모여 그 가르침을 모아 경전(經典)으로 편찬하였는데 이것을 제1차 결집 또는 라자그리하 결집이라고 한다.

부처님이 입멸한 후 100년 정도 흐른 뒤 계율(戒律)에 대한 해석을 놓고 전통적 보수파인 상좌부(上座部, 스타비라Sthavirāḥ)와 탄력적으로 수용하려는 진보적 자유파인 대중부(大衆部, 마하상기카 Mahāsāṃghika)가 대립되어 두 개의 부파(部派)로 갈라졌다. 바이샬리(Vaiśālī, 비사리毘舍離)에서 계율과 관련된 10가지 사항[十事]에 대해 합법(合法)을 주장하는 측과 비법(非法)이라고 반대하는 측이 대립하게 되었다. 10사를 비법이라고 주장하는 측의 700명 장로가 집회를 열고 계율을 다시 정비하였는데 이것을 제2차 결집 또는 바이샬리 결집이라고 한다.

일반적으로 이 일로 인해서 상좌부와 대중부로의 근본 분열이 발생했다고 알려졌다. 크게 둘로 갈라진 부파는 계속 분열되어 기원 전후에는 각각 18~20개 정도의 부파를 형성하게 되었다. 이렇게 여러 부파로 갈라지게 된 발단은 계율 해석의 차이보다는 지도자인 장로(長老)를 중심으로 한 집단의 체제가 서로 다르거나 너무 떨어져 있는 지리적 조건 때문에 새로운 부파가 형성되기도 하였다.

이와 같은 부파불교의 외적 확대는 갈수록 순수성을 잃고 율(律)과 경(經)에 대한 훈고적(訓詁的)인 주석학(註釋學)으로 기울어졌으며, 불교는 점점 더 승원(僧院)의 출가자를 중심으로 한 학문 불교에 치중하면서 대중성을 잃어가고 있었다. 이러한 경향에 대해 진보적 입장을 대표하던 대중부(大衆部) 및 재가 불교도가 중심이 되어 불교 본래의 정신으로 복귀하려는 불교 운동이 일어났는데 이를 대승불교라고 한다. 대승(大乘, 마하야나 mahāyāna)은 큰 수레, 즉 많은 사람을 구제하여 태우는 큰 수레라는 뜻으로, 혼자만의 수행에 만족하지 않고 일체 중생의 제도를 목표로 하였다. 또한 대승이라는 말은 기존에 자기중심적으로 수행하는 것을 소승(小乘, 히나야나 hīnayāna)이라고 부르면서 대칭하여 표현한 말이기도 하다.

대승불교는 수행관에 있어서 자기의 구제인 자리(自利)와 동시에 대중의 구원인 이타(利他)를 지향하는 보리살타(菩提薩埵, 보디삿뜨바 bodhisattva), 즉 보살이라는 새로운 인간상을 제시하였다. 보살은 자신만이 깨달음에 이르는 것이 아니라 다른 이도 함께 깨달음을 얻을 수 있게 하는 자리이타(自利利他)의 보살도(菩薩道)를 지향하는 사람이다. 이런 수행자가 참으로 석가모니 부처님께서 설하신 진정한 이상적인 인간상이며, 불교의 근본정신이라고 보게 된 것이다.

아라한이 되기 위해 자리(自利)만 추구하는 것을 편협한 이기적 행위로 간주하고, 자신의 성불을 뒤로 미루더라도 다른 존재를 구제하기 위해 헌신하는 자비로운 보살행을 실천하는 것이다. 자비를 실천하는 보살행은 법의 자각을 기반으로 하고 지혜를 기반으로 하여야 하는 것이다. 다시 말해서, 보살도는 지혜와 자비를 모두 갖추었을 때 진정으로 실천이 가능한 것이다. 이를 뒷받침하기 위해서 지혜, 즉 반야를 강조하는 경전이 등장하게 되었다. 아함경의 기본인 연기법이 반야부 경전에서는 공사상으로 발전한 것이다.

기원을 전후한 몇 세기에 걸쳐 반야부의 여러 경전이 형성되었다. 우리가 익히 알고 있는 『금강경』, 즉 『금강반야바라밀경』은 매우 초기에 형성된 반야부 경전이고, 『반야심경』은 반야부 경전 가운데 가장 짧은 경전이다. 반야부 경전에서부터 이상적인 인격자로 수많은 보살이 등장하고 있다. 예를 들면 다음 세상에 성불하게 될 미륵보살, 지혜를 상징하는 문수보살, 큰 서원을 세우고 실천하는 보현보살, 자비의 화신인 관세음보살, 모든 중생을 다 제도한 다음에 마지막으로 성불하겠다는 서원을 세운 지장보살 등이 있다.

대승불교 수행의 길, 육바라밀

●

　자기의 인격 완성을 위해서는 초기불교의 사성제와 팔정도의 가르침으로 충분하지만, 대승불교에서는 이에 만족하지 않고 더 나아가 보살의 수행법으로 팔정도에서 보다 더욱 적극적인 바라밀(波羅蜜, 파라미타 pāramitā) 수행법을 제시하였다. 팔정도가 개인의 인격 완성을 위한 수행에 중점을 두었다면, 바라밀은 보살의 수행법으로 보시나 인욕 등을 통해 사회적인 실천을 하는 것이 알맞다고 생각되었기 때문이다.

　바라밀은 바라밀다(波羅蜜多)라고도 하는데 범어 파라미타(pāramitā)의 음역이다. 뜻을 옮겨서 도피안(到彼岸), 도무극(度無極), 도(度)라고도 번역한다. 처음에는 도(度)라고 번역했는데 뒤에 도피안이라고 하였다. 도피안은 미혹의 이 언덕[此岸]에서 깨달음의 저 언덕[彼岸]으로 건너간다는 뜻이다. 바라밀다는 생사의 고해를 건너 이상의 세계인 파라다이스(paradise), 즉 열반의 세계에 이르는 대승보살의 수행 덕목이다.

보통 여섯 가지로 말하는 육바라밀이 대표적이며, 육바라밀을 육도(六度)라고도 번역한다. 육바라밀(六波羅蜜, ṣaṭpāramitā)은 보시(布施)·지계(持戒)·인욕(忍辱)·정진(精進)·선정(禪定)·반야(般若)라고 하는 여섯 가지 실천 덕목으로 구성되어 있다.

보시(布施)바라밀 :

여러 사람과 나누어 가지는 미덕이다. 다른 사람 없이 나 혼자만 따로 존재할 수 있는 것이 아니므로, 나 자신이 바르게 존립하려면 먼저 남에 대한 배려가 반드시 필요한 것이다. 다른 사람에게 나누어 주는 것은 버리는 것이 아니라 바로 다른 사람과 함께 더불어 가지는 것이다.

보시는 세 종류로 나누어진다. 자비심으로 다른 이에게 재물을 베풀어 주는 재시(財施), 다른 사람에게 진리를 말하여 선근(善根)을 자라게 하는 법시(法施), 스스로 절제하면서 남을 침해하지 않고 다른 이의 두려움을 없애주는 무외시(無畏施)가 있다.

지계(持戒)바라밀 :

도덕적인 삶을 실천하는 것이다. 부처님께서 설정해 놓은 좋은 규범이 되는 오계(五戒)나 십계(十戒), 보살계(菩薩戒), 250계(戒) 등을 준수하면서 갖가지 선을 실천하여 모든 중생의 삶을 돕는 것이다.

인욕(忍辱)바라밀 :

일상생활에서 참기 어려운 언짢은 마음과 욕됨과 번뇌를 참고 인내하는 것과 관용을 베푸는 것을 말한다. 나를 줄이면서 다른 사람을 배려하는 마음이 인욕이다. 우리들이 살아가는 이 세상을 사바(娑婆) 세계라고 하는데, 사바를 '감인(堪忍)'이라고 의역하기도 한다. 감인은 '참고 견뎌야 한다.'는 뜻이다. 말하고 싶은 것도 참고, 하고 싶은 것도 참고, 갖고 싶은 것도 참고, 견디기 어려운 생각도 참고, 모든 번뇌도 참고, 참고 참으면서 견뎌야 하는 이 세상이 사바세계라는 것이다. 이러한 인욕의 수행이 점점 깊어져야 정진이 수월해진다.

정진(精進)바라밀 :

정진바라밀은 순일하게 물들지 않은 마음으로 항상 부지런히 닦아 꾸준히 나아가는 것이다. 그러나 닦는다는 생각이나 닦을 바가 있으면 안 된다. 정(精)은 순일무잡(純一無雜)을 의미하고 진(進)은 용맹정진을 말한다. 자신과 더불어 일체 중생을 구원하겠다는 서원을 성취하기 위해 게으름 없이 노력하는 것이다.

선정(禪定)바라밀 :

마음을 집중시켜 산란심을 일으키지 않고 본분을 잘 지키는 것이다. 선정은 마음을 고요하게 하는 공부로서 망념(妄念)과 사념(邪念)과 허영심과 분별심을 버리게 한다.

반야(般若)바라밀 :

지혜바라밀이라고도 하며, 모든 사물의 이치를 밝게 꿰뚫어 보는 깊은 지혜이다. 반야의 지혜는 일반적인 지혜인 분별지(分別智)와는 다른 무분별지(無分別智)이다. 보살이 피안에 이르기 위하여 수행하는 육바라밀 가운데 마지막 반야바라밀은 다른 다섯 바라밀의 바탕이 된다.

위의 여섯 가지 바라밀에

방편(方便)바라밀 :

여러 가지 다양하고 교묘한 방법이나 수단, 즉 방편을 사용해서 사람들을 깨달음으로 인도하는 것이다.

원(願)바라밀 :

깨달음을 얻어서 모든 존재를 구제하려는 위대한 서원을 하는 것이다.

역(力)바라밀 :

바르게 판단하고 수행하는 완전한 힘을 기르는 것이다.

지(智)바라밀 :

깨달은 뒤에 중생을 깨달음으로 인도하는 완전한 지혜를 말한다.

이러한 네 가지 바라밀을 더하여 십바라밀이라고도 한다.

이 가운데 지혜바라밀인 반야바라밀은 육바라밀 또는 십바라밀의 근본 바탕이 된다. 반야바라밀을 통해야 올바르게 육바라밀을 수행할 수 있으며 완전한 깨달음을 성취하여 일체 중생을 열반에 들게 할 수 있다. 그래서 반야바라밀을 모든 부처님의 어머니[佛母]라고도 부른다. 마치 나뭇가지마다 피어난 모든 잎과 꽃이 하나의 뿌리에서 나오고, 가지마다 피어난 꽃과 잎이 하나의 뿌리로 돌아가는 것과 같이, 반야바라밀을 바탕으로 삼아야 제대로 육바라밀을 수행할 수 있으며 육바라밀의 실천을 통해서 반야바라밀을 성취할 수 있는 것이다.

반야부 경전이란

●

　인도에서 시작된 부처님의 가르침인 불교가 시간이 흐르고 시대가 바뀌면서 중앙아시아와 동아시아 등의 바깥세상으로 널리 퍼지게 되었던 원동력은 대승불교에 있었다고 할 수 있다. 불교사에 새로운 큰 획을 그었던 대승불교는 반야(般若) 사상에 그 뿌리를 두고 있으니, 먼저 반야부(般若部)의 경전에 대해 간단히 살펴보기로 하자.

　반야부 계통의 경전은 불교 본래의 정신에서 멀어져 훈고적인 주석학에 몰두하고 있던 부파불교에 대한 반성과 함께 불교의 근본 정신을 다시 되살리려는 각성이었으며, 이것이 대승불교 운동의 시발이 되었다. 아함경의 기본을 이루는 연기법을 새롭게 공(空) 사상으로 해석한 반야부 경전은 반야바라밀에 중점을 두고 보살도의 실천도 궁극적인 목적은 반야바라밀의 완성에 있음을 설파하였다. 반야바라밀은 바로 공의 사상이다. 반야부 경전의 공 사상이 바탕이 되고 뿌리가 되어 중관과 유식계통, 여래장 계통 등 수많은 대승경전이 등장하였다. 그렇기 때문에 반야부 경전을 이해하지 않고는 다른 대승경전을 이해할 수 없다.

　반야부 경전은 그 시작을 대승불교의 태동과 함께 하였고, 이후에 발생한 모든 대승부파와 대승경전의 모태가 되었다. 기원전 1세기부터 기원후 1세기까지 매우 활발하게 반야부 경전이 형성되었다. 반야부 경전은 불교경전 가운데 가장 분량이 많은 경전인데, 전체 대승경전 가운데 1/3을 차지하고 있다. 그러나 반야부 경전의 양이 많은 것은 중복이 많기 때문이다. 예를 들어 말하면, 『소품반야경』이 『대반야경』에도 포함되어 있고, 또 『소품반야경』과 매우 비슷한 내용이면서 이름만 다른 경전들도 여럿 있다. 반야부 경전의 범주에 포함되는 경전만도 수십 종류인데, 이 중에서 특히 중요한 열 가지를 십본반야(十本般若)라고 한다. 『소품반야경』, 『대품반야경』, 『인왕반야경』, 『금강반야경』, 『반야심경』, 『유수반야경』, 『문수반야경』, 『승천왕반야경』, 『대반야경』, 『이취반야경』이 십본반야이다. 하나씩 차례차례 살펴보자.

　『소품반야경』은 초기에 형성된 반야부 경전으로 갖춘 이름은 『마하반야바라밀경』이다. 10여 종의 범본과 12종의 티베트본, 무려 42종의 동본이역의 한역본이 나올 정도로 매우 선호되었던 경전이다. 범본의 게송 수가 팔천여 개나 되기 때문에 일명 『팔천송

반야』라고도 불린다. 당나라의 현장이 번역한 600권 『대반야경』의 제4회와 제5회에 해당한다.

『대품반야경』은 『방광반야경』, 『광찬반야경』, 『대품반야경』, 『이만오천송반야경』, 『대반야경』 제2회와 제3회 등이 있다. 일반적으로 『대품반야경』이라고 하면 구마라집의 27권본 『대품반야바라밀경』을 말한다.

『인왕반야경』은 나라를 수호하고 백성을 편안하게 하기 위해서는 인덕 있는 왕이 반야바라밀을 수지해야 한다고 설법하는 내용이다. 다른 반야경과는 다른 점이 많아서 반야경 계통으로는 최후에 설해진 것으로 여겨진다. 호국사상을 담고 있어서 예부터 『법화경』, 『금광명경』과 함께 호국삼부경(護國三部經)으로 불렸다. 『인왕반야경』은 신라와 고려에서 나라와 백성의 안녕을 위해 자주 개최하던 인왕백고좌회(仁王百高座會)의 사상적 근거가 되었다. 구마라집이 번역한 『불설인왕반야바라밀경』과 불공이 번역한 『인왕호국반야바라밀다경』이 있다.

『금강반야경』은 우리들이 익히 알고 있는 반야부 경전으로 간단하게 『금강반야경』 또는 『금강경』이라고 불린다. 『금강경』은 『대반야경』의 제9회 「능단금강분」에 해당한다. 이 경전은 구마라집, 보리류지, 진제, 달마급다, 현장 등 여러 사람이 번역하였지만 우리들이 널리 읽고 있는 것은 구마라집의 번역본이다.

『반야심경』은 우리가 익히 알고 있는 것으로 반야부 경전 가운데 가장 짧은 경전이다. 여러 사람이 번역하였고 번역할 때마다 『마하반야바라밀다대명주경』, 『반야바라밀다심경』, 『불설성불모반야바라밀다경』, 『불설오십송반야바라밀경』 등등 경전의 이름이 바뀌기도 하였다. 우리가 주로 사용하는 것은 당나라 현장의 번역본이다. 『반야심경』은 600권으로 된 『대반야경』의 사상을 260자의 한자로 짧게 요약하여 그 진수만 담고 있는 경전이다. 전부 14종의 번역본이 있지만, 크게 약본과 대본의 2종으로 나뉜다.

『유수반야경』의 이역본으로 『불설유수보살무상청정분위경』이 있고, 『대반야경』의 제8회 「나가실리분」에 해당한다. 사위성의 기수급고독원에 모인 영수(英首)보살과 용수(龍首)보살 등 여러 보살이 유수(濡首)보살, 즉 문수보살과 대론하는 형식으로 이루어졌다. 걸식이라는 평범한 일상생활을 소재로 하여 반야의 공 사상을 드러내고 있는데, 걸식과 수보리가 얻는 삼매를 무쟁행의 삼매라고 하는 점에서 『금강경』과 유사한 점이 있다.

『문수반야경』의 번역본에는 모두 7종이 있고, 『대반야경』의 제7회 「만수실리분」에 해당한다. 만수실리는 문수사리보살의 다른 이름인데, 이 경에서 삼매의 중요성을 강조하고 있다. 이역본으로 『문수사리소설마하반야바라밀경』과 『문수사리소설반야바라밀경』이 있다.

『승천왕반야경』에는 모두 2종이 있는데, 이역본으로 『승천왕반야바라밀경』이 있고, 『대반야경』의 제6회에 해당한다. 보살이 불도를 닦는 데 삼매가 중요함을 설하고 있다. 마치 백수(百獸)의 왕인 사자가 무엇도 두려워하지 않듯이 보살도 삼매에 들면 마음을 쓰거나 잡념이 생기는 일이 없기 때문에 결국 공의 경지에 도달하게 된다는 것이다.

『대반야경』의 갖춘 이름은 『대반야바라밀다경』이다. 이 경은 당나라 현장이 번역한 것인데 전체 600권이나 된다. 『대반야경』은 4처 16회로 구성되었지만, 제11회에서 제16회까지의 6회만 현장이 새롭게 번역한 것이고, 나머지 부분은 이미 번역되어 있던 반야부의 다른 경전을 정리해서 포함시킨 것이다. 『대반야경』 제1회는 400권의 『십만송반야경』이고, 제2회와 제3회는 구마라집이 번역한 『대품반야경』이 주 내용이고, 제4회와 제5회는 『소품반야경』이 주 내용이다. 제6회는 『승천왕반야경』이고, 제7회는 『문수반야경』, 제8회는 『유수반야경』, 제9회는 『금강반야경』, 제10회는 『이취반야경』이다. 간단히 말해서, 십본반야 가운데 『인왕반야경』과 『반야심경』만 포함되지 않았다.

『이취반야경』에는 모두 9종이 있고, 『대반야경』의 제10회 『반야이취분』에 해당한다. 석가모니 부처님이 금강수보살에게 반야의 이치를 설하는데, 특히 신비한 주문을 설하면서 이 주문이 모든 부처의 어머니라고 한다. 반야부 계통에 속하지만 밀교적인 요소를 강하게 담고 있는 것으로 보아 반야경의 발달과정에서 마지막 단계에 속하는 것으로 추정된다. 이역본으로 『실상반야바라밀경』과 『금강

정유가이취반야경』 등이 있다.

　반야부 경전은 대승불교에서 매우 중요한 위치를 차지하고 있다. 그 이유는 전체 대승경전의 1/3에 해당할 정도로 양적으로 방대하기 때문이 아니라, 대승불교의 선구적인 역할 때문이다. 다시 말해서, 수많은 대승불교 경전 가운데 가장 먼저 성립된 경전군에 속하고, 반야부 경전의 성립이 대승불교의 발생과 함께 한다는 사실 때문이다. 또한 '대승'이라는 표현이 처음으로 등장하였으며, 대승불교의 모든 사상을 담고 있기 때문이다. 반야부 경전을 이해하지 않고는 다른 대승경전을 제대로 이해할 수 없다. 반야부 경전의 공사상은 『법화경』으로 이어지면서, 다른 한편으로 『해심밀경』 등 유식 계열 경전과 『승만경』, 『열반경』 등 여래장 계열의 경전으로 발전되고 변화되었다고 할 수 있다. 그리고 여래장과 유식 사상은 『화엄경』에서 통합된다. 또한 정토사상도 반야경의 보살사상을 토대로 하여 전개되었다고 볼 수 있다. 이처럼 대승불교 경전의 대부분이 반야부 경전의 공사상을 다양한 모습으로 드러내면서 보다 발전시킨 것이라 할 수 있다.

　이상 간단히 살펴본 바와 같이 반야부 경전의 공사상은 근본적으로 대승불교의 뿌리를 형성하고 있다. 공이 바탕이 되고 뿌리가 되어 여러 수많은 대승불교 경전을 꽃피워 내게 된 것이다. 결국 모든 대승불교 경전의 시작도 귀결점도 반야부 경전의 공사상이라고 할 수 있다.

반야심경의
여러 가지 번역본

●

　대승경전의 바탕이 되는 방대한 분량의 반야부 경전 가운데서도 가장 핵심이 되는 경전이 바로 『반야심경(般若心經)』이다. 오늘날 우리들이 접하고 있는 『반야심경』은, 인도의 범어(梵語: 산스크리트)로 된 범어본(梵語本)을 토대로 중국에서 한역(漢譯)된 경전인데, 『반야심경』의 범어 원본에도 이본(異本)이 있고, 한역본에도 여러 종류가 있다.

　먼저 내용에 따라 크게 두 가지 종류로 나눌 수 있는데, 광본(廣本)과 약본(略本)이 있다. 광본이란 모든 경전이 갖추고 있는 서분(序分), 정종분(正宗分), 유통분(流通分)의 형식을 갖춘 것을 말한다. 일반적으로 서분은 책의 도입부와 같은 서론에 해당하고, 정종분은 본문, 유통분은 결론에 해당한다고 할 수 있다. 일반적인 다른 경전들처럼 "이와 같이 나는 들었다[如是我聞]."라는 구절로 시작하는 서분과 "크게 기뻐하면서 믿고 받아 지니며, 받들어 행하였다(歡喜信受奉行)."라는 구절로 끝나는 유통분이 앞과 뒤에 있는 것이 광본이다. 그리고 약본은 서분과 유통분이 생략되고, 일반적으로 독송하고 있는 『반야심경』처럼 정종분만 갖춘 것을 말한다.

약본의 『반야심경』에서는 석가모니 부처님께서 사리불 존자에게 관자재보살이 행하는 반야바라밀에 대하여 설명하는 형식으로 구성되어 있다. 광본에서는 석가모니 부처님께서 왕사성 옆에 있는 영축산에서 석가모니 부처님께서 여러 큰 비구 대중과 보살 대중과 함께 계실 때, 사리불 존자의 질문으로 관자재보살이 반야바라밀을 설명하는 형식으로 되어 있다.

『반야심경』의 범어 원본은 약본과 광본 모두 현재 일본에 전해지고 있다. 약본은 호류지(法隆寺)에 소장되어 있는데, 609년 오노 이모코(小野妹子)라는 사람이 중국에서 가져온 것을 1694년 죠우곤(淨嚴)이라는 승려가 필사했다고 한다. 광본은 하세데라(長谷寺)에 전해지고 있는데, 847년 밀교 승려인 에운(慧運)이 중국에서 가져왔다고 한다.

한역본에도 약본과 광본이 모두 있다. 한역본으로는 약 10여 본(本)이 지금까지 현존하고 있는데, 제일 오래된 것이 요진시대 구마라집의 역본이고, 그 다음이 당나라 현장의 역본이다. 구마라집의 역본을 구역(舊譯)이라고 하고, 현장의 역본을 신역(新譯)이라고 하는데, 한자문화권에서는 현장의 역본이 가장 널리 유포되어 지금까지 독송되고 있다. 약본에는 의정의 역본이 더 있고, 광본으로 법월 역, 반야와 이언의 공역, 지혜륜 역, 법성 역, 시호 역 등이 있다. 또한 한역본 외에 티베트 역, 몽고 역, 만주어 역 등 여러 가지 언어로 번역·유포되었다.

『반야심경』의 한역본을 다시 정리하면 이렇다. 먼저 대표적인 광본을 살펴보자.

반야바라밀다심경(般若波羅蜜多心經) : 법월(法月) 역
보변지장반야바라밀다심경(普遍智藏般若波羅蜜多心經) : 법월(法月) 역
반야바라밀다심경(般若波羅蜜多心經) : 반야(般若)와 이언(利言) 공역(共譯)
반야바라밀다심경(般若波羅蜜多心經) : 지혜륜(智慧輪) 역
반야바라밀다심경(般若波羅蜜多心經)(돈황석실본) : 법성(法成) 역(譯)
불설성불모반야바라밀다경(佛說聖佛母般若波羅蜜多經) : 시호(施護) 역

약본으로 널리 알려진 것은 다음과 같다.

마하반야바라밀대명주경(摩訶般若波羅蜜大明呪經) : 구마라집(鳩摩羅什) 역
반야바라밀다심경(般若波羅蜜多心經) : 현장(玄藏) 역
반야바라밀다심경(般若波羅蜜多心經) : 의정(義淨) 역

약본과 광본을 통틀어 현존하는 『반야심경』 가운데 가장 오

래된 것이 구마라집의 역이고, 현재 가장 널리 유통되어 우리들이 의식 때마다 독송하는 것은 현장의 역이다. 구마라집과 현장은 번역의 방식에 있어서 차이가 있는데, 『반야심경』에서도 예외는 아니다. 근본적인 내용에 있어서는 동일하지만, 두 역본에서 구체적인 번역 용어가 조금씩 다르기도 하다.

구마라집 역에서 '반야바라밀(般若波羅蜜)'이 현장 역에서는 '반야바라밀다(般若波羅密多)'로 옮겨졌고, '관세음보살(觀世音菩薩)'은 '관자재보살(觀自在菩薩)'로, '오음(五陰)'은 '오온(五蘊)'으로, '사리불(舍利弗)'은 '사리자(舍利子)'로, '비색이공 비공이색(非色異空 非空異色)'은 '색불이공 공불이색(色不異空 空不異色)'으로, '보살(菩薩)'은 '보리살타(菩提薩埵)', '명주(明呪)'는 '주(呪)' 등으로 옮겨졌다.

이렇게 서로 다른 번역이 용어보다 더 중요한 차이는 구마라집은 경전의 의미를 보다 잘 전달하기 위해서 종종 원본에 없는 구절을 삽입하기도 하였으며, 반면에 현장은 의미도 중요하지만, 원본을 그대로 전달하는 데 더욱 주안점을 두었던 점이다.

구마라집 역에는 현장 역과 범어본에는 없는 구절이 두 곳이나 삽입되어 있다. '舍利弗 色空故無惱壞相 受空故無受相 想空故無知相 行空故無作相 識空故無覺相 何以故'와 '是空法 非過去 非未來非現在'가 그것이다. 이 두 구절 외에는 전체적으로 현장 역과 비슷한 내용이다. 또한 현장 역에서 遠離顚倒夢想이라고 한 구절을 구마라집 역에서는 離一切顚倒夢想苦惱라고 하여, 일체(一切)

와 고뇌(苦惱)가 더 첨가되어 있는데, 이 역시 범어본에는 없는 것이다.

　또한 경의 제목에서도 구마라집은『마하반야바라밀대명주경(摩訶般若波羅蜜大明呪經)』이라고 하였고, 현장은『반야바라밀다심경(般若波羅蜜多心經)』이라고 하였다. 구마라집이 경의 이름에 '대명주(大明呪)'를 삽입한 것은 아마도『반야심경』의 마지막에 있는 반야바라밀의 신주(神呪)가 경전의 핵심임을 나타내려는 의도를 표시한 것이고, 현장이 '심(心)'을 넣은 것은 이 경이 반야 공의 핵심을 나타내는 경임을 드러내려고 한 것으로 생각된다. 구마라집 역은 경의 이름에 '마하(摩訶)'를 넣어 수식하였지만, 현장 역에는 없는 것이 다르다. 현재 유통되고 있는『반야심경』은 현장의 역이지만 경의 이름에 '마하'가 들어 있는데, 언제부터 '마하'가 포함되었는지는 정확히 알 수 없다.

　『반야심경』은 이와 같이 여러 종류의 번역본과 이본에서 그 중요성과 인기도를 짐작할 수 있듯이, 예전부터 이『반야심경』에 관한 주해(註解)나 주석(註釋)을 한 분들이 많았다. 그러나 대부분 산실되었으며 약간의 주석서만 전해 오고 있다.

　주해(註解) 본으로 우리나라에는 신라 원측(圓測)의『반야바라밀다심경찬(般若波羅蜜多心經贊)』이 현존하고, 원효(元曉)의『반야심경소(般若心經疏)』는 문헌으로만 전하고 있다. 원측의 저술은 현장의 역본에 대한 최초의 주석이다. 중국에서는 혜정(慧淨)의『반야바라밀다심경소(般若波羅蜜多心經疏)』, 정매(靖邁)의『반야바라밀다심경소(般若波羅蜜多心經疏)』, 규기(窺基)의『반야바라밀다심경략소(般若波羅蜜多心經略疏)』, 혜충(慧忠)의『반야바라밀다심경주(般若波羅蜜多心經註)』, 현수(賢首)의『반야바라밀다심경략소(般若波羅蜜多心經略疏)』, 제바(提婆)의『반야바라밀다심경주(般若波羅蜜多心經註)』, 사회(師會)의『반야바라밀다심경연주기(般若波羅蜜多心經連珠記)』, 대전(大顚)의『대전화상주심경(大顚和尙注心經)』, 홍찬(弘贊)의『반야심경첨족(般若心經添足)』이 알려졌다. 특히『대전화상주심경』은 중국에서는 산일되었으나 우리나라에는 조선 태종 11년(1411)에 중간(重刊)된 본이 현존하고, 1880년에는 활자 인쇄본이 유통되었으며, 몇 해 전 우리말로 번역하여『선에서 본 반야심경』이라는 이름으로 출간되기도 하였다.

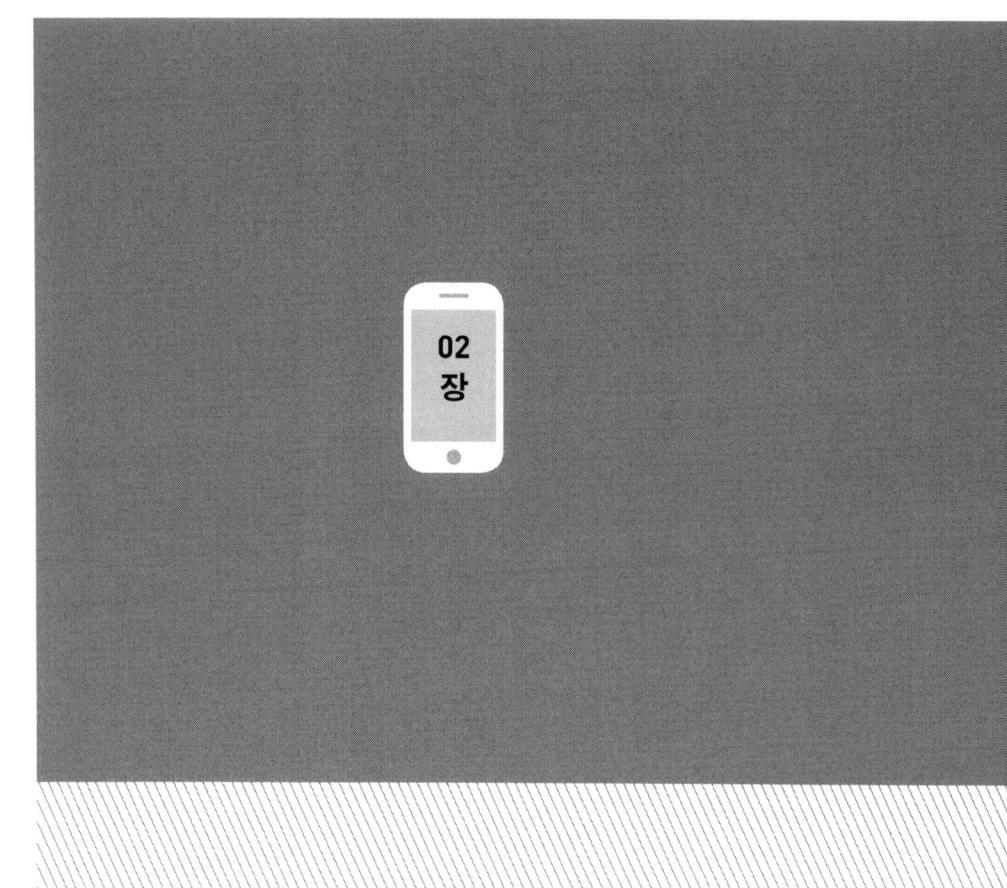

02장

위대한 깨달음의 지혜、반야심경

위대한 깨달음의
지혜를 완성하는 길

마하반야바라밀다심경
摩訶般若波羅蜜多心經

위대한 반야바라밀다의 핵심

부처님께서 중생들을 위해서 설법하신 말씀을 결집하여 정리한 것을 '수트라(sūtra; 修多羅)'라고 하는데, 경전(經典) 또는 경(經)이라고 번역한다.

바라밀다(波羅蜜多)는 범어 파라미타(pāramitā)의 음역이다. 바라밀(波羅蜜)이라고도 쓰며, 도피안(到彼岸) 또는 도무극(度無極) 혹은 도(度)라고 번역한다. 파라미타는 생사의 고해를 건너 이상의 세계인 파라다이스(paradise)로 가는 길, 즉 열반의 세계에 이르는 대승보살의 수행 덕목이다. 일반적으로 보시·지계·인욕·정진·선정·지혜의 여섯 가지로 말하는데 이를 육바라밀(六波羅蜜) 또는 육도(六度)라고도 한다. 육바라밀 가운데 마지막의 지혜바라밀을 반야바라밀이라고 하는데, 반야바라밀은 육바라밀의 근본이 된다.

반야(般若)는 범어로 '모든 현상의 실상을 바로 꿰뚫어 보는 지혜'를 의미하는 프라즈냐(prajñā)를 음역한 것이다. 반야바라밀다는 육바라밀을 전개하는 대승불교의 근간이 되고 대승경전의 바탕이 된다. 부처님께서 보리수 아래에서 깨달은 내용이 연기의 법칙이라는 통찰, 즉 지혜, 범어로 프라즈냐(prajñā)인 것이다. 불교는 알 수 없는 신(神)을 맹목적으로 신앙하는 종교가 아니다. 불교는 깨달음의 종교, 지혜의 종교이다. 그 깨달음 즉 지혜가 반야바라밀이며 연기의 법칙이며 공의 원리인 것이다. 12연기의 제일 처음에서도 밝히듯이 무명(無明, 아비드야avidyā) 즉 근본적인 무지(無知) 때문에, 참다운 지혜가 없기 때문에 고통스런 윤회가 시작된 것이다. 윤회의 고리를 끊어 고통을 끝내고 적정한 열반에 이르기 위해 부처님께서 연기의 법칙이라는 지혜를 깨달으신 것이다.

『반야심경』의 심(心)은 마음이라는 뜻이 아니다. 심장(心臟)을 뜻하는 범어 흐리다야(hṛdaya)를 옮긴 말이다. 여기서 흐리다야(hṛdaya), 즉 심(心)은 중심(中心), 핵심(核心)이라는 뜻이다.『반야바라밀다심경』은 반야바라밀다의 핵심이 되는 경전이라는 뜻이다. 그리고 전체 대승경전의 1/3을 차지하는 반야부 경전 가운데 핵심이 되는 경전이며, 석가모니 부처님 가르침의 핵심을 간추려 담고 있기 때문에 간단히 줄여서 『반야심경(般若心經)』 또는 『심경(心經)』이라고 한다. 그러나 『반야심경』은 매우 짧게 축약하였기 때문에 그 진수를 이해하는 것은 결코 쉬운 일이 아니다. 한 구절 한 구절 읽고 다시 읽으며 이해하기 위해서 노력해야 참뜻을 알고 실천할 수 있을 것이다.

원래 현장이 번역한 경의 제목은 『반야바라밀다심경』인데, 언제인가부터 앞에 '마하(摩訶, mahā)'라는 수식어가 붙어서 전해졌다. 『반야바라밀다심경』에도 여러 번역본이 있는데, '마하'라는 수식어가 붙은 것은 구마라집이 번역한 것으로 제목이 『마하반야바라밀대명주경』이 있다. 구마라집은 간결하고도 아름다운 문장으로 번역된 『금강반야바라밀경』, 즉 『금강경』을 통해 우리들이 익숙히 알고 있는 분이다. 『마하반야바라밀다심경』이라는 경의 제목은 현장의 『반야바라밀다심경』과 구마라집의 『마하반야바라밀대명주경』의 합성으로 형성된 것이 아닌가 한다.

마하(摩訶, 마하mahā)는 범어로 크다, 많다, 수승하다, 평등하다 등의 여러 가지 뜻이 있다. 여기서 '크다'는 것은 '작다'에 대한 상대적인 개념이 아니다. 불가설(不可說)의 무한대(無限大)를 말한다. 무한대는 한계가 없는 절대적인 크기이니 생각이 미칠 수 없는 크기이다. 그것은 곧 무한소(無限小)이기도 하기 때문에, 바로 능소능대(能小能大)인 것이다. 모든 존재의 상대적인 현상의 실상(實相)이 그대로 절대의 불가사의한 경계(境界)이므로, 곧 '마하'라고 한 것이다. 이렇게 앞에 '마하'를 붙여 수식하여 『마하반야바라밀다심경』이라고 한 것은 『반야바라밀다심경』을 부사의(不思議)의 경계로 크게 장엄(莊嚴)한 것이라고 할 것이다.

『반야심경』은 260자의 한자로 이루어진 짧은 경전이면서도 모든 경전의 뜻을 함축하여 잘 표현한 것으로 알려졌다. 그 중요성 때문에 불교의 거의 모든 의식에 독송되고 있고, 불자들도 일상적으로 독송 및 암송하고 있다.

깨어나 바라보면
모든 것은 텅 빈 꿈속의 일

관자재 보살 행심반야바라밀다시 조견오온개공 도일체고액
觀自在菩薩 行心般若波羅蜜多時 照見五蘊皆空 度一切苦厄

관자재보살이 깊은 반야바라밀다를 행할 때에 오온이 모두 공함을 비추어 보고 모든 고액을 벗어났느니라.

관자재 보살(觀自在菩薩)

●

관자재보살은 범어의 아발로키테슈와라 보디샷트바(Avalokiteśvara Bodhisattva)를 번역한 말이다. 관자재보살은 지혜와 자비의 화신으로 여겨진다. 아발로키테슈와라(Avalokiteśvara)의 ava는 보다

[觀], lokita는 세상 또는 세간(世間), iśvara는 자재(自在)를 뜻한다. 이 말을 구마라집은 관세음(觀世音)으로 번역하고, 현장은 관자재(觀自在)로 옮겼다. 우리가 날마다 독송하는 『반야심경』은 현장의 번역본이므로 '관자재보살'이라고 암송하지만, 일반적으로는 '관세음보살'이라고 부른다.

우리가 마음으로 대상을 살피는 것을 관(觀)이라고 한다. 관세음(觀世音)은 세상의 소리[世音]를 살핀다[觀]는 뜻이다. 관세음보살은 중생이 겪고 있는 고통의 소리를 듣고 갖가지 방편으로 제도하시는 분이다. 관세음은 구세(救世)의 자비를 실천하는[修] 측면을 강조하였고, 관자재는 지혜, 즉 반야의 돈오적(頓悟的) 측면을 강조하는 것이다. 그러나 이(理)와 사(事)는 둘이 아니며 깨달음의 지혜와 그 실천인 자비는 둘이 아니다. 그러므로 관세음이나 관자재나 모두 같은 말이다. 자비는 맹목적인 사랑이 아니다. 모든 존재의 실상을 철저히 깨달은 지혜, 즉 반야를 바탕으로 피워내는 향기이다. 반야는 완고하고 메마른 지혜가 아니라 자비로 실천되는 걸림 없는 밝은 광명이다.

관자재(觀自在)의 관(觀)은 관찰의 주체이고 자재(自在)는 관찰의 대상이다. 그러므로 관자재는 관찰자가 바깥의 다른 대상을 관하는 것이 아니라 관찰자 자신을 관하는 것이다. 다시 말해, 주관인 나 자신이 객관인 바깥 세계를 관하는 것이 아니라 나 스스로를 회광반조(廻光返照)하는 것이다. 회광반조, 즉 마음의 빛을 돌이켜 자기 자신을 되살피며 자기에게 있는[自在] 것을 관(觀)하는 것이다.

자신 안에서 일어나는 수(受)·상(想)·행(行)·식(識)의 사온(四蘊)이 모두 실체가 없음을 관할 뿐 아니라, 밖으로 대상인 존재도 그러하여 안팎이 모두 그러함을 관하니 안팎이 없어지고 너와 나의 주객(主客)이 사라진다. 바라보이는 바깥 대상도 바로 자기 자신인 자재(自在)의 그림자여서 주관이나 객관인 바깥 대상이 둘이 아님을 관(觀)하는 것이 관자재(觀自在)인 것이다.

우리가 집착하고 있는 모든 존재가 실체가 없는 것이니 집착할 것이 없다. 집착은 거기에 얽매이고 사로잡히는 것이다. 실체가 없으니 얽매이거나 사로잡힐 것이 없으며, 어디에도 걸림 없이 자유자재(自由自在)하게 된다. 이처럼 모든 존재가 실체가 없는 줄 깨달아 거기에 얽매이거나 사로잡히지 않는 것이 바로 관자재(觀自在)이다.

대승불교는 수행관에 있어서 자신만 깨달음에 이르는 것이 아니라 남도 함께 깨달음을 얻을 수 있게 하고, 자기의 구제인 자리(自利)와 동시에 대중의 구원인 이타(利他)를 지향하는 '보디샷트바(bodhisattva, 보리살타菩提薩埵)'라는 새로운 이상적인 인간상을 제시하였다. 보디샷트바(bodhisattva)의 보디(bodhi)는 깨달음, 즉 각(覺)의 뜻이고, 샷트바(sattva)는 생명 있는 존재인 유정(有情), 즉 중생을 뜻한다. 그래서 보디샷트바(bodhisattva)는 깨달은 중생 또는 중생을 깨닫게 하는 이를 말한다.

관자재보살은 반야바라밀을 성취하여 모든 현상의 참모습이 본래 공(空)한 줄 깨달아 전도된 몽상을 여의고 아무 걸림 없는 대자재를 성취하고, 시간과 공간을 뛰어넘어 자유자재한 경지를 이룬 분으로 수명의 자재, 마음의 자재, 업에 끄달리지 않는 자재, 태어남의 자재, 이해의 자재, 신통력의 자재, 원(願)의 자재, 재물의 자재, 지혜의 자재, 방편의 자재 등을 성취하여 중생을 제도하는 보살이다. 자기를 돌아보며 실상을 깨달아 스스로 갇혀 있는 틀을 벗어난 관자재보살은 그 어디에도 얽매이거나 사로잡히지 않고 자기 참 생명의 무한 가능성을 실천하는 수행자이며, 다른 모든 이들에게도 그렇게 고액의 질곡을 벗어나도록 이끌어주고 도와주는 선각자인 것이다.

고액을 벗어나기 위해

●

부처님의 일생을 간단히 살펴본 가운데서도 알 수 있듯이 부처님께서 출가한 동기는 고통으로부터 벗어나기 위한 것이었다. 부처님은 어린 시절 농경제에 참석하여 농부들이 파헤친 땅 속에서 고통 받으며 죽어가는 벌레의 모습, 새들이 서로 다투며 벌레를 주워 먹는 약육강식의 현장을 보고 충격을 받았다. 성 밖으로 나가 구경하다가 늙은이와 병든 이, 죽은 사람을 보면서 삶의 무상함을 느끼고 무상의 고통에서 벗어나는 길을 찾아 출가하였던 것이다.

부처님은 탄생게에서도 "이 세상의 모든 것이 고통이니, 내가 마땅히 편안케 하리라[三界皆苦 我當安之]."고 하였던 것이다.

부처님이 진리를 찾아 나선 것은 인천(人天)의 복된 과보를 바라거나 천상(天上)의 복락을 구하려는 것이 아니었다. 설사 삼계 가운데 가장 수승한 저 무색계 비상비비상천(非想非非想天)의 복락이라고 할지라도 그런 유루(有漏)의 쾌락은 언젠가 과보가 다하면 다시 고통의 나락으로 떨어지게 된다. 결국 쾌락은 상대적인 고통과 서로 맥락이 닿아 있는 것이다. 그렇기 때문에 부처님께서는 고통을 완전히 벗어나기 위해 진리의 길을 찾아 나섰던 것이다. 또한 진리를 깨달은 후 45년 동안 교화하신 목적은 나고 죽는 질곡 속에서 얽히고설킨 온갖 집착과 애욕 때문에 생긴 고통의 세계로부터 중생을 해탈시키기 위함이었다.

그것은 부처님이 중생의 고통을 대신하거나 죄업을 대신한다는 것이 아니다. 모든 것은 스스로 짓고 스스로 받는 것이다. 누가 대신할 수 있는 것이 아니다. 그런데 부처님은 아무리 큰 괴로움이나 무거운 악업의 장애도 중생을 바른 길로 잘 이끌어만 준다면 중생이 스스로 노력하여 고액으로부터 벗어날 수 있는 가능성을 보셨던 것이다.

부처님께서 깨달음을 이루신 뒤에 가만히 살펴보니 일체 중생이 근본적으로 당신과 똑같은 지혜와 공덕의 모습을 갖출 수 있는 가능성이 있음을 아셨기 때문에 자비심으로 고통 속에 헤매는 중생을 교화하시는 것으로 당신의 일대사(一大事)로 삼으셨다. 중생 교화에 나선 부처님은 사람마다 제각기 근기가 다르므로 거기에 맞추어 어떻게 수행해야 할 것인가 적절하게 가르치시며 온갖 방편을 베풀며 바른 방법을 안내하셨다.

부처님께서 처음 녹야원에서 다섯 비구들에게 네 가지의 진리인 사성제(四聖諦)를 설하실 때에도 고통과 고통의 원인과 고통의 소멸과 그 소멸에 이르는 여덟 가지의 바른 길[八正道]을 말씀하셨다.

처음에는 홀로 수행하면서 고통이 소멸한 진리의 세계, 즉 적멸(寂滅, 니르바나nirvāṇa)에 도달하는 방법으로 여덟 가지의 바른 길인 팔정도를 말씀하셨다. 대승경전에서는 모든 이웃 중생과 더불어 일체 고액이 사라진 적멸의 세계, 즉 열반(涅槃, 니르바나nirvāṇa)으로 가는 방법을 여섯 가지로 제시하셨는데 그것이 육바라밀이다.

모든 고통이 소멸한 이상향을 파라다이스(paradise), 극락(極樂)의 세계, 적멸(寂滅), 열반(涅槃)의 세계 또는 피안(彼岸)이라고 부르기도 한다. 나고 죽는 고통의 세계인 이 언덕[此岸]에서 나고 죽음의 고통이 소멸한 저 언덕[彼岸], 즉 열반의 세계인 파라다이스로 가는 길이 파라미타(pāramitā)이며, 그것을 바라밀다 또는 바라밀이라고 음역하여 부른다.

팔정도는 정견(正見)·정사유(正思惟)·정어(正語)·정업(正業)·정명(正命)·정정진(正精進)·정념(正念)·정정(正定)이며, 육바라밀은 보시(布施)·

지계(持戒)·인욕(忍辱)·정진(精進)·선정(禪定)·지혜(智慧)이다.

간단히 말하면 팔정도와 육바라밀은 동일한 것이라고 할 수 있다. 고통을 벗어나기 위해 혼자 수행하는 길을 말한 내용이 팔정도이며, 고통 받는 이웃 중생과 더불어 수행하는 방법이 육바라밀이다. 개개인이 혼자 수행하는 방법이 팔정도라면 모두를 하나로 묶은 수행 방법이 육바라밀인 것이다.

대승보살

●

이 세상의 모든 존재는 홀로 존재할 수 없다. 서로 상호 의존하는 관계 속에서 존재하게 되는 것이다. 나 혼자 느끼는 고통이란 것도 알고 보면 서로의 관계 속에서 나타나는 현상이다. 그러므로 내가 고통을 벗어나려면 여러 이웃이 함께 고통에서 벗어나는 방법도 찾아야 한다. 나 혼자 고해를 벗어나는 것이 아니라 여러 이웃을 함께 저 피안으로 싣고 가야 하는 것이다. 여럿이 함께 가야 하므로 혼자서나 탈 수 있는 작은 배나 수레로는 안 되고 여럿이 함께 탈 수 있는 큰 수레나 큰 배가 필요하다. 여럿이 함께 가기 위해서 큰[大] 탈것[乘]이 필요한데 그것을 대승(大乘)이라고 하며, 그러한 대승의 길을 가기 위해 큰 서원을 세우고 수행하는 사람을 '보살(菩薩)'이라고 부른다. 혼자 고통을 벗어나려고 수행하는 사람은 마치 혼자 빨리 가기 위해 작고 가벼운 탈것을 타는 것과 같다고 하여 소승(小乘)이라고 부른다. 처음부터 큰 서원을 세우지 않았어도 부처님의 사성제 법문을 듣고 깨달으면 이를 성문(聲聞)이라고 하고, 혼자 조용한 곳에서 수행하며 연기의 법을 깨달은 이를 연각(緣覺)이라고 한다. 이런 분들도 수승한 인연이 성숙하여 성과(聖果)를 이룬 분들이다. 그러나 아직 큰 서원을 발하지 않았기에 소승이라고 부른다.

우리가 수행하려면 가장 먼저 갖추어야 할 것이 정견(正見), 즉 바른 견해이다. 그래서 팔정도 가운데 첫 번째가 정견이다. 이 세상 모든 존재가 얽히고설키면서 연기(緣起)하는 현상의 실상(實相)을 바로 보아야만 올바른 수행을 하게 되고, 모든 고통의 얽매임에서 벗어나 적멸에 이를 수 있기 때문이다. 그것은 마치 보물이 있는 곳을 찾으려면 반드시 먼저 눈을 떠야만 제대로 길을 갈 수 있는 것과 같다.

그처럼 우리가 모든 현상의 '실상을 바로 보는 지혜', 즉 '깨달음의 지혜'를 범어로 '프라즈냐(prajñā, 반야般若)'라고 한다. 반야는 팔정도의 정견(正見)에 해당하는 것으로 연기법을 바르게 살피는 정사유(正思惟)와 늘 깨어 있으면서 관찰하는 정념(正念)을 아우르고 있는 개념이며, 이를 바탕으로 팔정도를 수행할 수 있고 육바라밀을 실천할 수 있다. 그래서 반야를 '모든 부처님의 어머니'라고 부르기도 한다. 반야는 대승사상의 바탕이 되고 대승경전의 근간이 되는 것이다. 그런 이유로 모든 대승경전에서는 정견을 강조하고 있다. 정견은 바르게 살펴본다는 뜻에서 정관(正觀) 또는 관(觀)이라고도 한다.

예를 들어 우리 불자들에게 널리 알려진 『금강경』의 정수인 사구게를 살펴보자.

세상의 모든 현상은
모두가 허망한 것이니
만약 모든 현상의 현상 아님을 보면
곧 여래(如來)를 보는 것이다.
凡所有相
皆是虛妄
若見諸相非相
卽見如來

만약 모양으로 나를 보거나
음성으로 나를 구한다면
이 사람은 그릇된 길을 가는 것이라
여래(如來)를 보지 못하리라.
若以色見我
以音聲求我
是人行邪道

不能見如來

모든 현상인 유위법은
꿈이나 허깨비·물거품·그림자 같고
이슬 같고 번개 같은 것이니
응당 이렇게 보라.
一切有爲法
如夢幻泡影
如露亦如電
應作如是觀

경전 속의 사구게는 그 경전의 핵심적인 뜻을 함축하고 있는 아주 중요한 구절이다. 선종에서 소의경전으로 삼고 있는 『금강경』의 사구게들은 공통적으로 이 세상의 현상을 어떻게 보아야 하는지[見]를 말하고 있다.

다음은 방대한 『화엄경』의 핵심이 되는 사구게이다.

만약 삼세(三世)의 부처님을
분명히 알고 싶으면
법계의 성품을 관(觀)하라.
모든 현상은 오직 마음이 만든 것이다.

若人欲了知

三世一切佛

應觀法界性

一切唯心造

신라의 원효 스님은 『화엄경』을 읽다가 이 사구게를 보고는 모든 현상은 오직 마음이 만든 것이라는 말에 의심이 들어 당나라로 유학을 떠나게 되었다.

먼 길을 가는 도중에 날이 저물어 어느 동굴에서 자다가 잠결에 목이 말라 물을 찾아 마시는데 너무나 시원한 감로(甘露)의 맛이었다. 다음날 아침 일어나 어제 마신 물맛이 생각나서 다시 살펴보고 어젯밤 해골에 고인 물을 마셨음을 알게 되었다. 그 순간 속이 메스꺼워 구역질을 하다가 문득 생각하였다. '똑 같은 물이 어젯밤 모르고 마실 때는 꿀맛이었는데 날이 밝은 아침에 해골인 줄 알고는 왜 구역질이 나는가?' 그때 '모든 현상은 오직 마음이 만든 것임을 관하라[應觀法界性 一切唯心造].'는 『화엄경』의 구절이 떠올라 크게 깨달았다고 한다. 이 세상의 표면적인 현상만 바라보던 눈이 바뀌고 관(觀)이 바뀌었던 것이다.

우리가 무슨 일을 하든지 먼저 눈을 떠서 안목을 갖추어야만 제대로 그 일을 하게 된다. 수행을 하는 데도 먼저 정견을 갖추어야 올바른 길을 가게 된다. 모든 존재의 실상을 환한 대낮처럼 밝게 통찰하는 정견을 『반야심경』에서는 조견(照見)이라고 한다.

오온에 대하여

●

『반야심경』이 팔만대장경의 핵심이라면 그 가운데서도 '오온이 모두 공함을 비추어 보고[照見五蘊皆空]'라는 구절은 『반야심경』의 눈이다. 오온(五蘊)은 인간을 몸과 마음의 작용을 색(色)·수(受)·상(想)·행(行)·식(識)으로 나눈 것이다. '온(蘊)'이란 모아 쌓인 것, 화합하여 모인 것이란 뜻으로, 생멸하고 변화하는 가운데 모여 쌓인 것을 색온(色蘊)·수온(受蘊)·상온(想蘊)·행온(行蘊)·식온(識蘊) 등 다섯 가지로 분류하여 오온이라고 한다.

색은 우리의 몸과, 눈으로 보이는 모양과 빛깔, 귀로 들리는 소리, 코로 맡아지는 냄새, 혀로 느끼는 맛, 몸으로 접촉하는 바깥의 대상세계를 말한다. 색(色)은 우리 몸의 오근(五根)과 바깥의 오경(五境)을 통틀어 말한 것이다.

색(色)은 지(地)·수(水)·화(火)·풍(風)이라는 네 가지 요소, 즉 사대(四大)가 결합하여 이루어진 것이다. 딱딱하게 굳어지는 성질이 있는 지대(地大, 흙), 흐르는 성질이 있는 수대(水大, 물), 뜨거운 성질이 있는 화대(火大, 불), 움직이는 성질이 있는 풍대(風大, 바람) 등 네 가지이다.

사대를 요즘 표현으로는 92개의 원소가 서로 결합하거나 분해되면서 고체화된 것은 지(地), 액체화된 것은 수(水), 에너지화된 것은 화(火), 기체화된 것은 풍(風)이라고 할 수 있다. 92개 원소의 화학적 성질은 중성자와 양성자로 된 핵자와 주위에 있는 전자 수의 구성비에 따라서 다르게 나누어진 것이다. 원자가 모여 분자를 생성하고 분자의 조합에 의해 모든 물질이 만들어진 것이다.

중성자와 양성자와 전자의 이 세 가지 소립자는 우주가 탄생하던 빅뱅(Big-Bang)의 순간 수학적인 의미를 붙일 수 없는 엄청난 밀도의 빛인 '우주알'이 팽창하였다가 식으면서 응축된 것이라고 한다. 물질이란 빛[色]이 소립자로, 소립자들이 원자로, 원자들이 분자로 형성되며 끊임없이 이합집산하면서 변하는 과정에 있는 것이다. 그래서 물질을 색온(色蘊)이라고 한다.

우리들이 실재하는 것처럼 보고 있는 이 물질이란 것은, 요소들이 결합되면 생겨나고 이 요소들이 흩어지면 없어지고 마는 일시적인 현상일 뿐이다. 물질은 조건 속에서 생겨나서[成], 머물다가[住], 변하여[異], 사라지는[滅] 과정을 겪게 된다. 색온에는 변하는 물질의 4대 요소들이 쌓여 모인 우리 몸뚱이의 다섯 감각기관인 눈·귀·코·혀·몸과 그 대상인 빛깔·소리·냄새·맛·촉감 등이 속한다.

●

수온(受蘊)·상온(想蘊)·행온(行蘊)·식온(識蘊)의 네 가지는 의식의 작용, 즉 정신적인 현상으로 우리의 주관에 속하는 것이다. 이 수·상·행·식은 의식의 작용을 구분한 것으로 독립된 별개의 것이 아니다.

　모든 것을 통칭하는 식(識), 즉 의식(意識)이 객관의 색(色)과 교섭함으로써 생겨나는 심상(心狀)이 수(受)와 상(想)과 행(行)이다.

　수온(受蘊)는 외계의 자극에 대하여 어떤 감각, 지각, 인상 등을 감수하는 작용이다. 수(受)는 기관을 통해 생명의 활동을 느끼며 감지하는 것이다. 마치 컴퓨터에 클릭을 하는 것과 같이 접촉하여 접속하는 것이다.

　상온(想蘊)은 감수된 것을 색깔이나 모습 등으로 마음속에 그리면서 표상(表象)하여 대상을 인식하게 하는 표상작용이다. 바깥의 대상뿐만 아니라 기억의 내용도 떠올리며 개념화하는 것이다. 마치 수신된 신호가 모니터에 화면으로 나타나는 것처럼 우리의 마음에 표상이 떠오르는 것이다.

　행온(行蘊)은 인식(認識)된 마음을 행동화하는 의지작용이다. 즉 스스로의 의지를 진행시키는 작용으로 몸과 말과 뜻으로 표출되는 업(業)을 형성하는 작용이다. 현재의 모습은 과거의 행위에 의한 업의 과보로 나타난 것이며, 또한 지금의 행위는 미래의 원인이 된다. 마치 떠오른 화면이 의지작용에 의해 연기(緣起)되는 것과 같다.

　식온(識蘊)은 육근과 육경을 통해 감수(感受)되어 표상화되고 행동하면서 인식된 경험과 지식의 집합체를 말한다. 대상을 구별하여 인식하고, 그 인식에 대한 기억을 저장하게 되며, 판단이나 추리에 의해 식별한다. 이런 의미에서 마음의 작용 전체를 통괄하는 기능도 지니며, 마음 그 자체를 가리키기도 한다. 이것들이 쌓이고 쌓여서 바로 지금의 존재가 형성된 것이다. 또한 이렇게 축적되는 인식에 의해 미래의 존재가 그려지고 나타나는 것이다. 그것은 의지작용에 의해 연기되는 화면을 녹화하고 저장하는 것과 같다.

본래적인 수온·상온·행온·식온이 있는 것이 아닌데도, 사람들은 전도(顚倒)된 몽상(夢想)에 의해 계속 형성·변화되는 의식을 자신의 실체로 착각하면서 살고 있다. 우리는 식온이라는 오랜 경험이 축적되어 나타난 또는 만들어진 존재이다.

●

비유를 들어 보자. 시계가 처음 우리나라에 들어왔을 때의 일이다. 난생 처음 보는 이상한 물건인데 둥근 얼굴에 방울이 매달려 흔들리고 있었다. 얼굴에는 크고 작은 바늘이 있고 방울이 흔들릴 때마다 '째깍 째깍…' 소리가 나면서 바늘이 돌아가고 있었다. 그것을 바라보는 사람들은 두렵기도 했다. 이상한 물건이 들어오면 동티가 난다는 말이 있어서 무당에게 가서 물으니 "굿을 해야 한다."고 하였다. 굿을 하고 나서 얼마 후 더 이상 아무 소리도 들리지 않고, 바늘도 움직이지 않았다.

나중에 시계에 대해 알게 되었다. 태엽을 감으면 일정한 속도로 태엽이 풀리면서 길고 짧은 두 개의 바늘이 돌아가는데 이것으로 시간을 측정하는 물건이라는 설명을 듣게 되었다. 그러자 이 이상한 물건에 대해 조금 이해하게 되었다. 예전에는 해시계나 물시계를 사용하였고, 밤에는 별의 움직임을 보고 시간을 짐작했는데, 이렇게 간편한 물건이 신기하게 여겨졌다.

벽시계가 일반에 널리 보급되면서 때맞추어 태엽을 감아주어야 시계가 제대로 작동한다는 걸 다들 알게 되었고, 가끔 시간이 안 맞을 때면 시계바늘을 조정할 줄도 알게 되었다.

그 뒤 휴대용 손목시계가 나왔다. 작고 편리하게 만들어진 것이 갖고 싶어서 시계방에 가서 가격을 물었더니 벽시계보다 비쌌다. 이렇게 작은 것이 큰 것보다 왜 더 비싸냐고 따졌더니 "작은 시계의 정밀한 부품을 만드는 것이 더 어렵고 힘들다."라고 설명했다. 그 말을 들으니 이해되는 일이었다. 그래서 마음에 드는 디자인으로 골라서 손목에 차고 다녔는데 참 편리해서 좋았다.

그러다가 어느 날 낡은 시계를 바꾸려고 백화점에 갔더니 새로운 시계가 나왔다면서 소개하는데 바늘이 없었다. 소리도 나지 않는데 숫자가 끊임없이 바뀌었다. 이게 무엇이냐고 물었더니 디지털 방식의 전자시계라고 했다. 이 시계는 태엽을 감아 밥을 주지 않고, '배터리'를 쓴다고 했다.

시계를 처음 보는 것이 수(受)이다. 그 모양이 얼굴 같다는 생각과 흔들리는 것이 방울 같다는 생각이 떠오른 것은 상(想)이다. 얼굴이 둥글고 방울이 흔들린다는 상(想)은 이미 알고 있던 식(識)에서 나타난 것이다. 이상한 물건에 두려움을 느끼게 되고 무당을 불러 굿을 하는 것은 행(行)이다. 예전에 두려울 때 굿을 했던 경험의 기억[識]이 있기 때문이다. 시간을 알기 위해 해시계가 아니더라도 감긴 태엽이 일정하게 풀리면서 작동되어 시간을 측정할 수 있음을 나중에 알게 된 것은 기존의 지식[識]에 새로운 지식으로 저장되며 쌓인다.

손목시계를 보는 것은 수(受), 처음 보아도 그것을 보자마자 시계라는 것을 아는 것[想]은 이미 시계에 대해 알고 있는 지식[識]을 찰나에 이리저리 미루어 짐작한 생각이 떠오른 것[想], 그것이 비싼 줄 알고 흥정하여 사서 차고 다니는 것은 행(行)이다.

그런 경험이 계속 새로운 지식으로 쌓여간다. 새로 전자시계에 대한 지식이 늘어가는 것도 그렇다. 이 수·상·행·식은 따로따로 있는 것이 아니라, 연기되는 가운데 다른 것이 서로 갈마들고 겹치면서 포함되어 작용하는 것이다.

2002년 우리나라에서 월드컵축구대회(FIFA World Cup)가 열렸다. 붉은 악마들이 외치는 '대~한민국!' 응원 소리는 온 세계에 중계되었다. 다음 해 우리나라 사람들이 아프리카에 갔는데 사람들이 어디서 왔느냐고 묻기에 '코리아'에서 왔다고 하였다. 그러자 사람들이 입을 모아 응원하듯이 '대~한민국!'을 외쳤다고 한다. 월드컵은 이제 일반인에게도 상식이 되었다.

2010년 남아프리카공화국에서 월드컵축구대회가 열렸고 그 경기가 우리에게도 중계되었다. 현장에서 보내온 전파는 안테나를 타고 수신되어[受] TV 화면에 나타나는데[想] 선수들 가운데는 낯익은[識] 사람이 많았다. 그것은 그 선수들이 예전에 경기할 때 활동했던 장면들[行]이 우리의 의식(意識) 속에 기억되고 저장되어 있었기 때문에 그 이미지가 다시 떠오른 것[想]이다.

그런데 남아프리카공화국에서 열린 월드컵축구대회 중계방송을 시청하는데 이상한 소리가 계속 들렸다. 마치 벌통에서 벌떼들이 웅웅대는 것 같았다. 단순하면서도 귀에 거슬리는 소리였다. 일부에서는 그 소리 때문에 선수들이 방해받으니 그 소리를 내지 못하게 해야 한다고 FIFA 본부에 항의도 했다. 그러나 그것은 아프리카 고유의 악기인 '부부젤라' 소리이기 때문에 막을 수 없다는 답변만 되돌아왔다. 어쩔 수 없이 선수들이나 관중 그리고 중계방송을 보는 시청자들도 부부젤라 소리를 들어야만 했다. 어느덧 부부젤라 소리에 익숙해져서 월드컵 경기가 끝날 즈음에는 그 소리가 들려야만 월드컵 경기의 실감이 날 정도였다. 이런 과정을 거쳐 처음에는 어리둥절하던 부부젤라 소리가 이제 남아프리카공화국의 월드컵 경기라는 기억 속에 오랫동안 자리하게 될 것이다.

그것은 마치 전파를 안테나로 계속 수신하여 모니터에 나타난 화면[想]의 진행을 녹화하여 갈무리하여 두는 것[藏識]과 같다. 다음 경기 때에는 지금 갈무리해 두었던 의식 속에 녹화해 두었던 지난 것을 떠올리면서[想] 새롭게 펼쳐지는 경기와 서로 비교하면서 응원하게 될 것이고[行], 그것들도 또 녹화하여 저장(貯藏)할 것이다. 이렇게 수없이 반복 진행하면서 저장된 식(識)을 장식(藏識)이라고 한다.

우리는 대상이 없이도 이미 저장되어 있던 의식을 떠올리며 가상적(假想的)으로 미래를 설계하거나 꿈을 꾼다. 우리는 꿈 속에 시계를 사서 선물하기도 하고, 잠자다가 축구하는 꿈을 꾸기도 한다. 잠이 들어 꿈을 꿀 때는 우리 의식 속의 잠재의식이나 깊은 내면의 무의식이 바깥의 대상이 없이도 스스로 발효하듯이 내면에서 나타나[受] 몽상 속에[想] 온갖 행위를 하게 되고[行] 또 그 의식에 저장되는 것이다. 그래서 꿈도 뒷날 아침에 깨어나 기억하게 된다. 꿈과 달리 잠꼬대는 내면의 의식이 나타나기만 한 것으로 만약 누가 잠꼬대할 적에 응대하여 유도하면 거기에 따라 대답하지만 그것은 상(想)과 행(行)의 과정이 없으므로 식(識)에 저장되지 않는다. 그래서 잠에서 깬 후에는 기억하지 못한다. 최면상태에서 진술한 것도 거의 그렇다.

우리의 정신 작용은 이런 수·상·행·식의 과정을 통해 변화되는 대로 저장하기를 끝없이 반복하는데, 그것은 따로 분리된 것이 아니라 바탕인 마음을 기능적인 면에서 넷으로 조명한 것이다. 그리고 의식은 상황에 따라 끝없이 변화하는 것으로 실재하는 것이 아니다.

이상 살펴본 것처럼 우리들이 집착하고 있는 물질인 색이나 마음의 작용을 말하는 수·상·행·식은 바탕이 없는 것으로 실체가 없다.

우리의 존재를 이루는 각 요소들은 모두 실제로 존재하지 않는 것이며, 이러한 요소로 이루어진 인간 존재 자체 역시 실체가 없다. 이것을 『금강경』에서는 비유를 들어 "모든 유위법은 꿈이나 허깨비·물거품·신기루·이슬·번개와 같으니 응당 그와 같이 보아라."라고 하였다.

실체가 없는 요소로 이루어진 이 현상은 고정불변의 것이란 없으며, 바탕이 그러하니 이 현상이 실체적인 것일 수가 없다.

공(空)에 대하여

●

연기는 서로 의존하여 생겨나는 것을 말하며 서로 의존하는 상의성(相依性)이다. 연기의 원리에 의해 존재하는 것은 실체가 없으며, 실체가 없는 것을 '공(空)'이라고 한다. 연기의 원리에 의해 존재하는 제법(諸法)이 공(空)하다는 것은 제법에 대한 직관(直觀)이며, 이 직관을 '반야(般若)'라고 부른다. 제법이 연기에 의해 존재하는 실체가 없는 공이라는 말은, 실체가 없는 공이기 때문에 연기에 의해 조건 따라 만법(萬法)이 존재한다는 말이기도 하다. 공은 연기에 의해 만법을 펼칠 수 있는 열려 있는 무한 가능성이다. 만법이 펼쳐지기도 사라지기도 하는 연기적인 공(空)의 이치를 깨달아 적극적으로 지혜롭게 실천하는 삶이 바로 '반야바라밀다'인 것이다.

●

모든 만법은 상호의존의 관계 속에 존재하는 것으로 실체가 없으며, 실체가 없는 것이 바로 만법의 바탕이 되어 무한히 펼쳐지기도 하니, 그것을 범어로 '순야(śūnya)'라고 한다. '순야'의 뜻은 부풀어 오르는 텅 빈 것이라는 의미이다.

'순야'를 나타내는 기호인 ○은 원래 입체의 구형적(球形的)인 개념이지만 평면적인 원형(圓形)으로 그려진 것이 ○과 같은 그림이며, 그것이 곧 '0'이라는 숫자의 기호로 쓰이게 되었다. 인도의 수학에서 순야(śūnya)는 영(零)을 의미하는 말로, 없는 것[無], 비어 있는 것[虛], 결핍되어 있는 것에 쓰인다. 그러나 여기서 없다는 것은 흔히 우리들이 말하는 무(無)와는 약간 다르다. 무(無)는 유(有)에 상대되는 개념이다. 또한 무(無)는 유(有)의 부정이다. 즉 유(有)가 결여된 상태라고 할 수 있다. 어떤 무엇이 있다가 없어지는 것은 '있지 않다[無有].'는 것이다. 그러므로 유와 무는 반드시 상대적 개념이다. 무라고 할 때에는 유를 염두에 두게 되고, 그 유를 제거하면 무가 되는 것이다.

일반적으로 수학의 가장 기초 단위는 숫자 1이다. 이 1에서부터 시작이 되어 2, 3, 4, 5의 순서로 진행된다. 여기에 대응되는 것은 숫자 -1이며, -2 -3, -4, -5, -6의 순서로 진행된다. 그런데 인도에서 숫자는 1에서 시작되지 않는다. '순야'에서 시작된다. '순야'란 1과 −1의 사이에 위치하는 0과 같은 것이다. 1에는 반드시 −1이라는 상대되는 것이 있는데, '순야'에는 상대되는 것이 없다. 0에는 +0이나 −0으로 상대가 성립될 수 없고, +0이나 −0의 기호로 표시하더라도 자대(自對)가 될 뿐이니 상대(相對)가 없는 절대(絶對)의 값어치인 것이다. 제법의 실상인 연기(緣起) 속의 공(空)은 수학에서 절대의 값어치인 0의 역할을 하는 것이다.

0은 실물에 상당하는 것이 아무것도 없다. 그러나 없어서는 안 된다. 다시 말하면, 없는데도 그것을 제거할 수 없다. 이른바 아무것에도 대응하지 않으며 또한 실물이 없는 것이다. 그러나 숫자 0은 없어서는 안 되고 없어질 수도 없는 것이다.

순야를 의미하는 숫자 0은 대단히 재미있는 숫자이다. 불가사의한 힘을 가진 숫자이며, 무한(∞)으로 통하는 문이다. 사칙연산에서 0은 덧셈과 뺄셈을 할 때는 아무 의미가 없는 무력한 수이지만 곱셈에서는 모든 것을 0으로 바꾸는 전능한 수이고, 나눗셈에서는 어떤 수도 0으로 나눌 수 없는 금단의 수이면서도 모든 것을 무화(無化)시켜 흡입하는 수이다.

0을 어떤 숫자이든 곱하거나[×] 나누면[÷] 모든 것을 0으로 만들어 버리는 블랙홀이 된다. 즉 모든 작용[工]이 구멍[穴: ○] 속으로 사라져버린다. 또한 0은 곱셈이나 나눗셈을 통해 무한소(無限小)로 들어가는 관문으로 없어서는 안 되는 것이다.

숫자는 낱알[粒子]이나 길이[長短]의 단위이다. 낱알인 1을 쪼

개면 0.1+0.9 또는 0.2+0.8, 0.5+0.5 등이 된다. 0.1은 0.01+0.09, 0.03+0.07, … 등이 된다. 0.01은 0.001+0.009, … 등이 되고, 0.001은 0.0001+0.0009, … 등이 되고, 0.0001은 0.00001+0.00009, … 등으로 무한(無限)으로 분화(分化)된다.

길이도 1에서 2까지는 1.0에서 시작하여 1.1, 1.2, 1.3, 1.4, … 1.9, 2.0이 되고, 1에서 1.1까지는 1.00에서 1.01, 1.02 … 1.09, 1.1이 되며, 1에서 1.01까지는 1.000에서 1.001, 1.002, … 1.009, 1.01이 되고, 1에서 1.001은 1.0000에서 1.0001, 1.0002, … 1.0009, 1.001이 된다. 이와 같이 짧게 무한분화(無限分化)된다.

어떤 숫자이든 그리고 어떤 한 수에서 다른 한 수의 사이가 크든 작든 길든 짧든 모두가 무한(∞)으로 이루어져 있고 무한으로 통하는 것이다. 크든 작든 많든 적든 짧든 길든 모든 존재는 공(空)으로 이루어졌고 공으로 통하는 것이다. 무한에는 모든 분별이나 차등이 없다. 무한은 한계가 없어 하나가 그대로 전체이고 전체가 그대로 하나이다(一卽一切). 공간적으로 낱낱마다 모두 무한이니, 한 티끌 속에 온 우주를 머금었고 낱낱 티끌마다 그러하다. 시간적으로 찰나찰나가 무한으로 통하니 일념(一念)이 바로 무량겁(無量劫)이요, 무량겁이 곧 찰나이다. 그리고 낱낱은 별개로 존재하는 것이 아니라 출렁이는 연기(緣起) 속에서 드러난 것으로 나눌 수 없이 연기되고 있는 끈의 전체이기도 하며 장(場)의 전체이기도 하다.

연기의 장에서 나눌 수 없는 모든 존재는 찰나찰나마다 과거

·현재·미래로 연기되는 영겁의 끈으로 이어져 찰나찰나마다 생(生)·주(住)·이(異)·멸(滅)과 성(成)·주(住)·괴(壞)·공(空)을 이어가게 된다.

아라비아 숫자의 십진법(十進法)에서는 십의 자리를 차지하는 수는 없으므로 1에 0을 더하여 사용하고, 100에도 1000에도 쓴다. 101에도 1002에도 1034에도 쓴다.

그런데 0을 없는 것이라고 하여 떼어 버리면 어떻게 될까? 101에서 0을 떼어 버리면 11이 되고, 1034에서 0을 떼면 134라는 전혀 다른 수가 된다. 이렇게 약속되어 쓰고 있기도 하지만, 도무지 제거할 수가 없는 수가 0이다.

1년이 12개월 365일이라는 숫자에는 0이 없다. 365는 300과 60과 5를 합하면서 0이 겉으로 드러나 보이지 않게 되었지만, 365는 0을 바탕으로 존재하고 있다. 365에 0이 보이지 않더라도 5를 빼고 나면 그 자리에 저절로 0이 나타난다. 5는 단순히 5가 아니라 5+0, 5−0, 또는 5±0이기도 하다.

모든 상대적인 것은 절대와 상즉(相卽)의 관계에 존립해 있다. 5라는 숫자는 무한한 0의 끈 위에 맺어진 것이며, 모든 숫자는 0이라는 장(場)이 아롱져 생긴 숫자이다. 무한의 숫자가 다 그러하다. 순야(śūnya)는 수학적으로 없는 것이면서도 모든 숫자의 바탕이 되는 것이다. 순야는 상대성이 없는 절대의 숫자이면서도 상대적인 모든 숫자를 모두 아우르는 중도(中道)이며 진공묘유(眞空妙有)의 표상이다.

●

　중국에 처음 불교가 전래되었을 때 먼저 범어로 된 경전을 중국어로 번역하였다. 문화와 풍토가 다른 인도의 용어를 중국의 문화로 이해할 수 있는 말로 옮기는 것은 보통 어려운 것이 아니었다. 전혀 다른 사고방식에서 탄생한 사상(思想)을 표현하는 말을 다른 문화권의 언어로 바꾼다는 것은 단지 글자만 옮겨서 되는 일이 아니다. 두 문화권을 모두 이해할 수 있는 유연한 사고와 두 언어에 대한 정확한 지식이 있어야 하는 일이다.

　후한시대 환제 건화 2년(A.D. 148) 안식국(安息國), 즉 파르티아(Parthia) 출신의 승려 안세고(安世高)가 번역한 『안반수의경(安般守意經)』이 최초로 한역된 경전으로 꼽힌다. 불경을 한문으로 번역하던 초기에는 외국 출신의 승려들이 중국어를 배워서 번역한 경우가 많았다. 후에는 중국인이 직접 인도에 가서 범어를 배우고 경전을 가져와 번역하였다. 중국의 역경사는 크게 고역(古譯)시대, 구역(舊譯)시대, 신역(新譯)시대로 나뉜다. 2세기에서 4세기까지 안세고, 지루가참, 축법호 등이 번역하던 최초기를 고역시대라고 한다. 그 후 5세기 구마라집부터를 구역시대, 7세기 현장부터를 신역시대라고 한다.

　경전 한역의 최초기인 구역시대에는 중국의 기존 사상, 즉 노장사상을 중심으로 불교를 이해하고 설명하려고 하였다. 위진남북조시대의 혼란기에 현학(玄學), 즉 노장에 심취했던 사람들이 출가하여 승려가 되는 경우가 많았다. 그들은 노장사상에 정통했기 때문에 노장사상에 빗대어 불교의 사상 특히 반야의 공(空)사상을 노장의 무(無)로 설명하고 해석하였다. 이것을 격의불교(格義佛敎)라고 한다. 격의는 어떤 의미에 다른 의미, 즉 격(格)을 부여하여 설명하는 것이다. 새로 유입된 불교의 용어를 기존에 있던 유사한 용어를 매개로 하여 설명하는 것이다. 격의는 불교가 도입되고 정착되던 초기에는 유용한 방법이었다. 그러나 불교에 대한 이해가 점차 깊어지면서 격의가 비합리적이며 현학적이고 불교 본래의 의미에서 벗어난다는 비판을 받았다. 401년 구마라집이 장안에 들어와서 경전을 번역하면서부터 격의에서 벗어나 불교 본래의 사상을 본격적으로 연구하였다.

이러한 과정을 거쳐 불교를 제대로 이해하면서 '순야'를 표현할 용어를 찾게 되었다. 그것이 바로 '공(空)'이다. 공(空)이란 텅 비었다는 말이다. 실체가 없다는 뜻이다.

'공(空)'이라는 글자를 살펴보자. 중국의 글자는 상형문자(象形文字)이면서도 표의문자(表意文字)이다. 글자의 모양새를 뜯어보면 뜻을 이해하는 데 도움이 된다. 상형문자는 분합(分合)이 가능하다. 한자의 자와 획을 풀어서 나누는 것을 파자(破字)라고 한다.

空(공)을 파자하면 穴(혈)자와 工(공)으로 나누어진다.

穴(혈)은 틈, 집, 구멍, 굴의 뜻이며, 工(공)은 만든다는 뜻이다. 어떤 공간에서 무엇을 만든다는 것이다. 다시 穴(혈)을 파자하면 宀

(면)과 八(팔)이 되는데, 宀(면)은 흔히 갓머리로 알고 있으나 움집, 공간이라는 뜻이다. 八(팔)은 여덟, 나누다, 활짝 열리다, 헤어지다는 뜻이 있다. 宀(면)과 八(팔)이 합하여 穴(혈)이 되는데, 이것은 활짝 열려 있는 틈이다. 혈(穴, hole)은 공간적 틈으로 작게는 작은 구멍이 되고, 크게는 열려 있는 우주가 되며, 시간적 틈으로는 짧게는 찰나(刹那)가 되고 길게는 영겁(永劫)이 된다.

工(공)은 만들어지다, 생기다, 변하다는 뜻이다. 工(공)은 二(이)와 丨(곤)이 된다. 二(이)는 둘, 거듭, 버금의 뜻이 있다. 丨(곤)은 뚫다, 위아래로 통하다, 연결하다는 뜻이다. 二(이)는 서로 나누어져 대칭되는 것이니, 아래와 위, 음과 양, 하늘과 땅, 형이상(形而上)과 형이하(形而下), 물질과 정신, 너와 나, 주(主)와 객(客) 등의 이원적인 것이다. 丨(곤)은 셈대를 세워서 위아래가 서로 통하게 하는 것을 말하니, 서로 소통하고 관계하고 의지하게 하는 것이다.

工(공)은 이원적인 것이 서로 소통하고 관계하고 의존하게 하는 것이니, 음양이 서로 통하고 위아래가 통하고 물질과 정신이 서로 통하고 형이상적인 정신과 형이하적인 물질이 서로 통하게 하고 모든 상대가 서로 의존하며 통하는 것이다. 남녀가 서로 통하여야 자식이 태어나고, 물질도 음양이 통하여야 화학적 반응이 일어나 새로운 것이 만들어지고, 이것이 저것을 만나면 또 다른 것이 생겨나는 것이다. 물질의 연기관계를 이용하여 생산하고 만드는 것이 바로 공작(工作)이며 그런 직업이 공업(工業)이다. 工(공)은 바로 연기(緣起)를 말한다.

공(空)은 穴 속에 工이 합해져 된 글자이니, 곧 크고 작은 틈 속에서 진행되는 온갖 연기되는 것이다. 또한 공(空)은 텅 비었다는 의미가 있다. 그러므로 공(空)은 본래 텅 빈 가운데 무한히 펼쳐지는 틈인 시간과 공간 속에 생겨나서 늘어나고 줄어들다 사라지며 연기하는 만물의 충만한 모습이다.

●

반야의 공(空)사상은 대승불교의 바탕이 되었다. 전체 대승경전의 1/3이 넘는 방대한 양의 반야부 경전은 모두 공(空)에 대해 설한 경전들이다. 공사상을 제대로 이해한 다음부터 중국은 물론 한자 문화권의 다른 여러 나라에서 연기의 실천적 삶을 구현하는 대승불교가 흥하게 되었다. 또한 중국에서 발생한 선불교도 이 공사상에서 피어난 꽃이다. 중국 선종의 비조(鼻祖)라고 할 수 있는 혜능(慧能)도 반야부 경전의 『금강반야바라밀경』, 즉 『금강경』의 한 구절을 듣고 깨달았던 것이다.

공사상은 후에 중국에 성리학이 일어날 때에도 큰 영향을 끼치게 된다. 주렴계(周濂溪) 선생은 선종의 선사들을 가까이 하며 참선을 즐겨하여 별명이 궁선객(窮禪客)이라고 했을 정도였다. 역학(易學)에도 밝았던 그는 태극(太極)의 이치를 공(空)사상에 접목하여 설명하였다. 그는 주역의 팔괘(八卦)와 선사들이 사람들을 가르칠 때 쓰던 원상(圓相, ○)이나 이(伊, ∴), ∞, 卍 등의 기호를 변용하여 태극도(太極圖)라는 새로운 도상(圖相)을 창안했다. 그것은 불교에서 천지(天地)가 나누어지기 이전이나 부모(父母)도 아직 생기기 이전을 의미하는 원상(圓相, ○)과, 그 안에 음양의 변역(變易)을 상징하는 부호[∽]를 넣어 태극[☯] 속에서 변역하는 역(易)의 이치를 나타내고, 그 원상의 밖에는 주역의 팔괘인 태(兌,☱)·건(乾,☰)·감(坎,☵)·간(艮,☶)·진(震,☳)·손(巽,☴)·리(离,☲)·곤(坤,☷)을 팔방(八方)으로 배치하였다.

그것은 팔방, 즉 동서남북과 그 사이의 동북·동남·서북·서남으로 활짝 열린 가운데 음양이 서로 교섭하면서 만유(萬有)가 생성되고 소멸하는 역(易)의 원리를 표현한 것이다. 또한 공(空)의 자획을 파자(破字)하여 八로 활짝 열린 공간, 즉 영원한 우주[八 + 宀 = 穴] 속에 음과 양이 서로 의존하며 연기(緣起) 작용[二 + ㅣ = 工]하는 공(空 = 穴 + 工)의 원리를 펼쳐 구성해 놓은 것이다. 팔괘와 원상[○] 속에 연기를 의미하는 부호[∽]로 조합된 태극도설(太極圖說)은 바로 공(空)의 이치를 역(易)으로 설명한 것이다.

뒷날 이 태극도의 팔괘 가운데 건(乾)·곤(坤)·감(坎)·리(离)의 사괘(四卦)만으로 구성하여 만든 그림이 오늘날 우리나라의 국기인 태극기(太極旗)이다. 태극기의 뿌리는 바로 공(空)의 원리인 반야사상인 것이다.

●

관자재보살이 깊은 반야바라밀다를 행할 때 오온이 모두 공함을 비추어 보고 모든 고액을 벗어났다는 말을 다시 살펴보자.

일체 중생을 고통에서 건져[度一切苦厄] 피안으로 건너가도록 바라밀다(波羅蜜多)를 수행하는 이가 대승의 보살(菩薩)이다. 모든 존재의 실체가 공한 줄 환히 밝게 보아[照見五蘊皆空] 그 깨달은 지혜인 반야(般若)로 어디에도 얽매이지 않는 삶을 사는 것이 관자재(觀自在)이다. 모든 존재의 실체가 공(空)한 줄 깨달아 모든 중생을 고액에서 건지는 실천적인 삶을 살아가는 이상적인 인격을 갖춘 인간상을 '관자재보살(觀自在菩薩)'이라고 한다.

모든 존재의 실체가 공(空)한 줄 깨달아 모든 중생을 고액에서 벗어나게 하는 '실천적인 삶의 수행 덕목'을 '반야바라밀다'라고 말한다.

이상적인 인격을 갖춘 '관자재보살'이 '반야바라밀다'를 실천·수행하는 내용이 바로 '모든 존재의 실체가 공한 줄 환히 보아 일체 중생을 고액에서 벗어나게 하는 것', 즉 **조견오온개공**(照見五蘊皆空) **도일체고액**(度一切苦厄)이다.

모든 존재의 실체가 공한 줄 환히 보아 모든 중생을 고액에서 벗어나게 하는 수행의 덕목을 '반야바라밀다'라고 하고 그 실천적인 삶을 살아가는 이상적인 인격을 '관자재보살'이라고 부르는 것이니, 이 셋은 다 같은 말이다.

관자재(觀自在) = 반야(般若) = 조견오온개공(照見五蘊皆空)

보살(菩薩) = 바라밀다(波羅蜜多) = 도일체고액(度一切故厄)

연기의 법칙 안에서는 시간도 상대적인 것일 뿐, 실체는 없다. 인식 속의 과거·현재·미래라는 시간도 실체가 없는 무시무종(無始無終)이다. 모든 것이 실체가 없음을 깨달아 모든 이를 고통에서 건지겠다는 큰 서원을 세우고 그런 삶을 실천하는 보살에게는 시간의 얽매임이나 한계가 없으니 영겁이 다하여도 서원의 삶이 다하지 않으리라. 그래서 '행(行) 심(深) 반야바라밀다(般若波羅蜜多) 시(時)'라고 한 것이다.

고해의 거친 물결 끝이 없지만
고개 돌려 바라보면 피안이라네.
苦海無邊
回頭彼岸

거울 속의 그림자

사리자 색불이공 공불이색 색즉시공 공즉시색 수상행식 역부여시
舍利子 色不異空 空不異色 色卽是空 空卽是色 受想行識 亦復如是

사리자여!
색(色)이 공(空)과 다르지 않고 공이 색과 다르지 않으니,
색이 바로 공이요 공이 바로 색이며,
수(受)·상(想)·행(行)·식(識)도 또한 이와 같으니라.

사리자(舍利子)는 부처님의 10대 제자 가운데 지혜가 가장 뛰어난 사리불(舍利弗, 샤리푸트라Śāriputra) 존자를 말한다. 사리불은 마가다국의 수도 왕사성 근처에 있는 나란다에서 태어났다.

어려서부터 배움을 좋아하여 여덟 살에 스승을 능가할 정도로 총명하였으며, 열여섯 살이 되어서는 여러 나라에 그 천재성이 알려졌다.

사리불은 친구인 목건련과 함께 스승 산자야의 문하에서 수학했다. 사리불과 목건련은 근기가 영리하고 큰 지혜가 있어서 모든 글과 의론에 통달하였고, 변재와 논의에 있어서도 그들을 꺾어 굴복시키는 사람이 없었다. 저마다 100명씩 제자가 있었고, 널리 많은 사람의 존경을 받았다. 두 사람은 서로 아끼고 소중히 여기면서 "만약 누구든지 먼저 미묘한 법을 듣게 되면 반드시 서로가 깨우치도록 하자."라고 맹세하였다.

스승 산자야는 병이 들게 되자 자신이 곧 죽게 될 것을 알고는 사리불과 목건련에서 "그대 두 사람이 내 문하의 제자들을 잘 이끌어서 나의 뜻을 온전히 이어가라."고 유언을 하였다.

어느 날 사리불이 제자들을 데리고 가다가 한 수행자를 만났다. 그의 위의는 일찍이 듣거나 본 적이 없는 매우 훌륭한 모습이었다. 그 수행자는 모든 고통에서 벗어난 편안한 얼굴로 고요하면서 평화롭게 길을 가고 있었다. 그는 부처님의 제자로 마승(馬勝, 앗사지Assaji)이라는 비구였다. 사리불은 마승에게 물었다.

"당신처럼 조용한 태도는 일찍이 보지 못하였소. 어떤 스승을 섬기며 당신의 스승은 무엇을 가르치시며 어떤 훌륭하고 묘한 법을 얻었습니까?"

마승은 그의 물음에 기뻐하면서 부드럽게 대답하였다.

"저의 스승은 훌륭한 석가족 출신으로 하늘이나 사람 중에서 가장 높으신 부처님입니다. 저는 수행한 지 얼마 되지 않았으니 스승의 깊고 묘한 이치를 어찌 다 말할 수 있겠습니까? 스승님의 가르침은 '모든 것은 인연을 따라서 생겨나고 인연을 따라서 사라진다.'라는 것입니다."

사리불은 이 말을 듣고는 마음이 깨어나 곧 진리의 눈이 열렸다. 정사에 돌아간 뒤에도 큰 기쁨이 멈추지 않고 계속되었다. 여느 때와는 다른 사리불의 모습을 본 목건련이 의아히 여겨 물으니, 사리불은 마승 비구에게 들었던 법을 그대로 설명했다. 목건련도 곧 마음이 열리고 모든 티끌과 때가 없어져 이내 바른 진리의 눈이 열렸다. 두 사람은 부처님을 찾아뵙기로 하고 자신들의 제자들과 함께 부처님이 계신 죽림정사로 갔다. 그때 부처님은 사리불과 목건련이 그 제자들과 함께 오고 있음을 아시고 주변에 있는 제자들에게 말씀하셨다.

"너희들은 알아야 한다. 지금 저 두 사람은 여러 제자들을 거느리고 나에게 와서 출가를 구하리라. 또한 장차 나의 상수 제자가 되리라. 사리불은 지혜제일이 될 것이고, 목건련은 신통제일이 될 것이다."

부처님의 제자가 된 사리불과 목건련은 으뜸가는 모범적인 제자로서 교단 내부의 화합을 도모하는 역할뿐만 아니라 부처님이 편찮으실 때는 부처님을 대신하여 설법을 하기도 하였다. 사리불은 부처님보다 나이가 많았는데, 부처님이 반열반에 드시는 모습을 차마 볼 수 없어서 부처님보다 먼저 입멸하였다.

●

색(色)은 공(空)과 다르지 않고 공은 색과 다르지 않으니, 색이 바로 공이요 공이 바로 색이다.

색(色)은 빛이고, 빛깔이며 물질을 말한다. 물(物)의 바탕[質]이 물질이다. 모든 물질은 빛으로 이루어져 있다. 빛으로 이루어진 물질은 인연을 따라 변하는 것으로 실체가 없다.

색(色)은 지(地)·수(水)·화(火)·풍(風)이라는 네 가지 요소, 즉 사대(四大)가 결합하여 이루어진 것이다. 사대를 요즘 표현으로는 92개의 원소가 서로 결합하거나 분해되면서 고체화된 것은 지(地), 액체화된 것은 수(水), 에너지화된 것은 화(火), 기체화된 것은 풍(風)이라고 할 수 있다. 92개 원소의 화학적 성질은 중성자와 양성자로 된 핵자와 주위에 있는 전자 수의 구성비에 따라서 다르게 나누어진 것이다. 원자가 모여 분자를 생성하고 분자의 조합에 의해 모든 물질이 만들어진 것이다.

중성자와 양성자와 전자의 이 세 가지 소립자는 우주가 탄생하던 빅뱅(Big-Bang)의 순간 수학적인 의미를 붙일 수 없는 엄청난 밀도의 빛인 '우주알'이 팽창하였다가 식으면서 응축된 것이라고 한다. 극도로 뜨겁던 에너지원이 온도가 내려감에 따라 전자기 복사

(輻射)를 방출하였다. 복사의 파장 대역이 감마선에서 엑스선으로 자외선을 거쳐 우리에게 익숙한 무지개 빛깔의 가시광선이 되고 적외선과 전파 대역으로까지 이동한다. 초기의 우주는 강력한 복사와 고온·고밀도의 어떤 것으로 가득한 에너지원인 화구(火球)가 식으면서 소립자들이 먼저 가장 간단한 수소와 헬륨 원자로 만들어졌다고 한다. 이런 과정을 거치면서 태어난 수많은 은하계로 이루어진 우주는 빛의 소산(所産)이다.

이 지구상에 모든 생명은 태양 에너지에 의존한다. 모든 식물은 태양의 빛을 받아 빛 에너지를 화학 에너지로 변환시킨다. 예를 들면 붉고 향기롭고 단맛이 나는 한 알의 사과도 빛이 빚어낸 합성물이다. 우리가 농사짓고 추수하는 것도 바로 빛을 거두어 모으는 행위라고 할 수 있다.

"쿵" 하고 땅에 떨어진 사과를 주워 들고 맛볼 때, 붉은 빛깔[色]도 떨어지던 소리[聲]도 향기[香]도 단맛[味]도 매끄러운 감촉(感觸)도 모두가 빛으로 빚어낸 존재의 몸짓인 '마하무드라'이다.

식물의 광합성으로 이루어진 열매와 잎과 뿌리를 먹으면서 동물은 몸에 필요한 에너지를 충족하고 번식하며 살아간다. 어떤 맹수가 육식을 하며 번식하더라도 그 에너지원은 빛으로 빚어낸 것이니 빛에 의존하는 것이 된다.

물질이란 빛[色]이 소립자로, 소립자가 원자로, 원자가 분자로 형성되고, 끊임없이 이합집산하며 변하는 과정에 있는 것이다. 그래서 물질은 빛의 덩어리이며 색온(色蘊)이라고 한다. 이 세상의 모든 것은 상호의존하며 존재하는 것으로 홀로 존재하는 것은 없다[諸法無我]. 상호의존하는 존재이기 때문에 조건이 바뀌면 언제든지 변한다[諸行無常]. 색온은 끊임없이 변하는 것이다. 지금 이렇게 존재하는 물건도 인연 따라 변해 온 결과물이며, 또 인연 따라 변하는 흐름의 도중에 있는 것이다. 내가 보고 있는 물건은 연기의 법칙이 빚어낸 것이며, 연기하며 변하는 흐름의 순간에 나타난 것에 다름 아니다.

한 물건을 두고도 바라보는 사람에 따라 그 값어치는 달라진다. 같은 물건도 내 심경의 변화에 따라 다르게 보이는 것이다. 조건에 의해 잠시 존재하는 것에 집착하여 거기에 스스로 사로잡히거나 갇히지 말아야 한다. 상대적인 관계 속에 연기되어 형형색색 나타나는 두두물물(頭頭物物)의 바탕은 절대의 텅 빈 순야(śūnya), 즉 공(空)이다.

절대의 세계는 상대의 세계와 다른 별개로 존재하는가? 만약 절대의 세계가 상대의 세계와 별개로 존재한다면, 그것은 또 다른 상대적인 관계를 만들고 말 것이다. 저 절대의 세계는 이 상대 세계 속에 그대로 현현(顯現)하여 있는 것이다. 진리는 현상을 떠나 따로 독립해 있는 것이 아니다. 현상 속에 모든 이치가 온전히 녹아 있고, 이치는 여러 현상을 통해 드러나게 된다.

절대의 신(神)은 상대적인 현상계를 떠나 따로 있는 것이 아니라, 현상계 속에 그대로 살아 숨 쉬고 있는 것이다. 가시덤불 속에 피어 있는 꽃 한 송이도 은혜로운 신의 모습이 드러난 것이며, 세상의 만물에 신의 섭리가 배어 있지 않은 곳이 없다. 꽃이 붉으니 신의 얼굴이 붉고, 꽃이 지니 신의 모습이 스러져간다. 이러한 섭리는 혼란스러운 것이 아니라 분명한 질서가 있으니, 그것이 바로 연기(緣起)의 이치이다.

연기되고 있는 현상계야말로 신의 살아 있는 모습이다. 이를 떠나 어디에서 신을 구할 것인가? 미혹한 중생계를 떠나 어디에서 부처를 찾을 것인가? 번뇌를 여의고 어디에서 깨달음을 구할 것인가? 찰나를 떠나 언제 다른 시절을 기다릴 것인가? 미혹의 업(業)으로 나타난 오온(五蘊)의 실체를 밝게 비추어 볼 때, 모든 고통이 사라지는 것이다[照見五蘊皆空 度一切苦厄].

●

조선을 건국한 태조 이성계가 등극하여 지존의 자리에 오르고 나니 주변의 누구도 감히 범접하기가 어려웠다. 모든 사람이 어렵게만 여기니 태조는 인간적인 고독도 느끼게 되었다. 어느 날 태조는 왕사(王師)인 무학(無學) 대사를 초청하였다.

무학 대사는 태조가 함흥에서 평범한 무인으로 지낼 때에 이상한 꿈을 꾸고 이야기를 하니 앞으로 왕(王)이 될 것이라고 해몽하였고, 태조가 조선을 건국한 뒤에는 한양(漢陽)에 도읍지를 정해 준 아주 절친한 사이였다. 허물없이 둘만 앉은 자리에서 태조가 서로 편한 마음으로 농담을 하자고 제의하니, 무학 대사도 그러자며 응했다. 먼저 태조가 말했다.

"대사는 언제 보아도 검고 못생긴 모습이 꼭 돼지 같소이다."

무학 대사의 얼굴은 검은 빛이었고 작은 키에 훤칠하지 못하였는데 그것을 빗대어 돼지라고 말한 것이다. 그렇게 말하면 대사가 얼굴 붉히면서 약이 오를 것이라고 여겼기 때문이다. 그러나 대사의 반응은 뜻밖이었다.

"전하! 전하는 부처님이십니다."

그 말을 들은 태조는 좀 무안하기도 하였다.

"아니, 나는 농담하느라고 대사를 돼지라고 놀렸는데, 대사는 어찌하여 나를 부처님이라고 하는 게요? 몸 둘 바를 모르겠소."

그러자 무학 대사는 빙긋이 웃으며 대답하였다.

"돼지 눈에는 돼지만 보이고 부처의 눈에는 부처만 보이는 법입니다."

순간 태조는 박장대소하며 말했다.

"크게 깨달은 대사께서 농담 속에도 진리를 말씀하시어 나를 깨우쳐주니 감사합니다."

너무나 잘 알려진 이야기이다. 그런 이야기를 다시 하는 이유가 있다. 똑같은 현상이라도 어떻게 보느냐에 따라 세상이 바뀐다는 이치를 말하고 싶기 때문이다. 이 세상의 모든 것이 연기에 의해 생겨났다가 사라지는 것으로 실재가 없는 줄 깨달아 진리에 눈

뜬 반야바라밀을 수행하는 보살의 눈에는 모든 것이 진리 아님이 없는 것이다. 연기되어 존재하는 모든 만물[色]이 실체가 없는 것[空]이며, 실체가 없기에 인연 따라 온갖 만물이 생겨나고 변하면서 사라지는 것이다. 그래서 색이 공과 다르지 않고[色不異空], 공이 색과 다르지 않으며[空不異色], 색이 곧 공이고[色卽是空], 공이 곧 색[空卽是色]인 것이다.

물질[色]만 그런 것이 아니라, 우리의 정신작용인 수(受)·상(想)·행(行)·식(識)도 그러하다. 수(受)는 외계의 자극에 대하여 감수하고 접촉하는 작용이고, 상(想)은 감수된 것을 마음 속에 그리면서 표상(表象)하여 대상을 인식할 수 있게 하는 표상작용이다. 행(行)은 표상을 의지로 행동화하여 몸과 말과 뜻으로 표출하여 업(業)을 형성하는 행위이다. 식(識)은 그 행위에 대한 인식을 저장하고 마음의 작용 전체를 통괄하는 기능도 있으면서, 마음 그 자체를 가리키기도 한다. 이 수·상·행·식은 별개의 것이 아니라 의식의 작용을 단계적으로 구분해 놓은 것일 뿐이다. 의식작용은 외부에서 감지된 것을 식별하여 판단하고 의지로 행동하여 저장하고 기억하는 연기의 순환을 찰나 사이에 이루는 것이다.

학자들은 100조 개가 넘는 뇌신경 세포가 복잡한 화학 반응과 전기 신호로 맞물려 있고, 이들 신경세포 간의 신호 전달이 이루어지는 과정을 분자생물학적 이론으로 해석하였다. 우리가 뇌를 통해 느끼는 세계도 있는 그대로의 세계가 아니라 뇌신경을 통해 자기 입장에서 자기 방식으로 비추어보는 일종의 환상으로 각자의 보는 각도에 따라 다르게 전달되고 해석되는 것이다. 다시 말해서, 우리의 의식은 뇌신경을 통해 바깥의 대상을 각자의 업(業)에 따라 자기 방식대로 해석하고 인식하여 저장한다.

우리는 지난날 희로애락(喜怒哀樂)의 수많은 복잡한 일을 기억한다. 우리가 지어온 온갖 행위인 업(業)은 모두 그대로 남김없이 우리 의식에 저장되어 있다. 그 기억들은 어디에 저장되는 것일까? 의식이 저장되는 곳은 두뇌인가? 아니면 심장인가?

두뇌라고 한다면 어느 부위에 기억들이 저장되어 있는 것일까? 우리 뇌의 신경세포에는 평소에 경험한 조야(粗野)한 의식의 기억들이 잠재되어 있지만 미세한 먼 과거의 의식은 거기에 남아 있지 않다고 한다. 그것들은 어디로 갔을까? 우리의 깊은 내면에 있는 의식할 수 없는 깊은 무의식은 어디에 있을까? 우리가 아직 찾지 못한 기억소(記憶素)가 우리의 몸속 어느 부위에 있기는 있을까? 우리의 넋이 몸뚱이를 벗어나 유체이탈을 할 때는 오관이나 뇌신경을 통하지 않고도 인식하면서 기억하게 되는데, 그때의 의식은 어디에 있는가? 이 몸뚱이가 태어나기 이전의 과거 전생의 기억은 어디에 새겨져 있을까?

우리의 의식은 그 자취를 찾으려야 찾을 수 없지만 분명하게 언제 어디서나 작용하고 있다. 아름다운 꽃을 바라보고 있는 바로 지금 여기에, 이별의 슬픔에 젖어 있는 지금 여기에, 옷 입고 밥 먹을 줄 아는 지금 여기에 수·상·행·식이 작용하고 있다. 우리의 마음이 일으키는 의식작용은 언제 어디서나 인연 따라 울고 웃고 슬퍼하고 기뻐하지만, 찾아보면 흔적도 없는 오묘하고 불가사의한 것이다. 부처님이나 신이 신통한 것이 아니라, 지금 바로 내가 이렇게 보고 들을 줄 아는 이것(?)이 참으로 신통한 것이다. 이것은 찾아보면 흔적도 없어 공(空)하지만, 실체가 없이 공하기 때문에 고정되어 머무르지 않고 언제 어디서나 인연 따라 작용하게 되는 것이다. 수(受)·상(想)·행(行)·식(識)이 모두 그러하다[受想行識 亦復如是].

●

오랜 가뭄이 계속되다가 갑자기 하늘에 먹구름이 몰려오면서 장대 같은 비가 내렸다.

A. 타들어가는 농작물을 바라보며 단비를 기다리던 농부들은 이렇게 기쁠 수 없었다. 농부는 말라가던 작물들이 기를 펴는 모습을 보려고 비를 맞더라도 논밭에 나갔다.

B. 그 동안 우산을 만들어 놓고 팔지 못했던 우산 장사들도 때를 만나 우산을 들고 거리를 나섰다.

C. 오늘은 직장에서 서로 친목을 도모하기 위해 오랜만에 기분 좋게 야외로 소풍을 나가는 날이다. 어젯밤 늦도록 만든 맛있는 음식을 들고 유원지로 출발하려는 참에 하필 비가 내리다니 기분이 상당히 좋지 않다.

D. 마침 오늘은 장이 서는 날이다. 손님이 많을 것 같아서 상

점 앞까지 상품을 진열하며 장사 준비를 하였다. 그런데 갑자기 내린 비로 바깥에 진열한 상품이 빗물에 젖어버렸다. 상품이 망가지지 않도록 안으로 치우고 빗물을 닦으며 저도 모르게 투덜거렸다.

하늘에 내리는 비를 바라보는 네 사람의 입장은 이렇게 희비가 엇갈렸다.

예쁘게 잘 익은 복숭아를 바라보니 배가 고픈 갑돌이는 입안에 군침이 돌았다. 그렇지만, 복숭아를 먹고 배탈이 심하게 나서 고생했던 을순이는 얼른 눈을 돌렸다. 갑돌이도 복숭아 몇 개를 먹고 배가 부르고 나니, 이제는 아까보다 복숭아가 눈에 덜 들어왔다.

똑같은 상황, 똑같은 물건인데도 관찰자의 입장에 따라 느끼는 것이 서로 다르다. 같은 관찰자도 상황이 달라지면 느낌이 변한다. 백 명의 사람이 설악산 경치를 바라보지만 사람마다 모두 느낌이 다르다면 어찌해야 할 것인가? 설악산을 보고 시(詩)를 쓰라고 하면 100편의 시가 다르고, 그림을 그리라고 하면 100가지의 그림이 될 것이다. 그 가운데 어떤 것이 진정한 설악산을 표현한 것일까? 모두가 나름대로 자신이 본 설악산을 절절이 읊고 그림을 그렸다.

하나의 산이 100개가 되었다. 분광기의 초점을 맞추는 데 따라 스펙트럼이 달라지듯이 우리의 관점에 따라 사물인 색(色)이 제각기 다르게 나타난다. 하나의 산이 100가지로 다르게 나타나는 것은 산이 그렇게 되는 것이 아니라 산을 관찰한 100명의 의식이 다르기 때문이다. 비추어보는 관찰자의 초점이 다르고, 또한 같은 관찰자라 할지라도 그 순간 초점거리의 신축에 따라 형상이 다르게 비춰지는 것이다.

히말라야에서 발원해서 굽이굽이 흐르는 갠지스 강물이 사람에게는 물로 보이고, 천인(天人)에게는 맑고 투명한 유리로 보이고, 물고기에게는 집이며, 아귀에게는 불덩이로 보인다고 한다. 힌두교도들은 갠지스 강물을 성스럽게 여겨서 죄업을 씻기 위해 목욕을 하며, 세례도 하고, 강가에서 죽은 이를 화장한 뒤에 강에 띠내려 보내기도 한다. 그러나 그런 문화가 낯선 여행객들에게는 온갖 오물에 화장한 재까지 섞인 혼탁하고 더러운 강물로 보일 뿐이다.

내가 바라보는 세상은 나의 초점을 통해 펼쳐져 나타나는 세상이다. 하나로 알고 있는 이 세상은 사실 엄밀히 말하면 존재하는 모든 중생, 즉 사람과 온갖 동물과 곤충 등의 숫자만큼 있는 것이다. 중생마다 그가 바라보는 하나의 세계가 존재하는 것이다. 그만큼 다양하게 비치고 느껴지는 세상이 존재한다.

모든 물질 현상인 색(色)이 공(空)하고 정신작용인 수(受)·상(想)·행(行)·식(識)이 공하다. 그것은 색(色)이 곧 공(空)이며 수상행식(受想行識)도 공이니, 공에는 색이나 수·상·행·식의 분별이 없으므로 색이 바로 수·상·행·식이기도 한 것이다. 만법(萬法)이 유식(唯識), 즉 온갖 것이 다 마음먹기에 달렸다. 그러므로 우리가 인식하는 물질은 우리의 의식에 비쳐 나타난 그림자와 같다. 그런 까닭으로 삼계유심(三界唯心)이요, 만법유식(萬法唯識)이라고 하였다. 모든 세상이 오직 마음이 나타낸 현상이요, 모든 법은 오직 자기의 마음에 의해 존재하는 것이라는 뜻이다. 저 산하대지는 내 마음의 거울 속에 나타난 그림자일 뿐이다.

언제라도 섬진강의 봄 경치를 생각하면
푸르른 강물위에 매화 향기 들려온다.

생긴 것도
사라진 것도 아니다

사리자 시제법공상 불생불멸 불구부정 부증불감
舍利子 是諸法空相 不生不滅 不垢不淨 不增不減

사리자여!
이 모든 법(法)은 공(空)의 상(相)이니 생겨나는 것도 아니고 사라지는 것도 아니며, 더러워지는 것도 아니고 깨끗해지는 것도 아니며, 늘어나지도 아니하고 줄어들지도 않는다.

모든 법이 공(空)하다는 것은 우리가 흔히 말하는 무(無)와는 약간 다르다. 일반적으로 무(無)는 유(有)의 상대적인 개념이다. 그러나 공(空)에는 상대되는 것이 없다.

숫자로 표기해보자. 1에는 -1, 2에는 -2, 3에는 -3이라는 식으로 반드시 상대되는 것이 있다. 그러나 0은 1과 -1이나 2와 -2 등의 모든 상대가 되는 수의 중간에 위치한다. 0에는 +0이나 -0이 없다. 상대(相對)가 없다.

절대(絶對)의 값어치인 0이 바로 순야(śūnya), 즉 공(空)이다. '비어 있다'는 공(空)을 표현하는 0의 값어치는 '없다'라고 하지만 그러나 없는 것이 아니며 없어서는 안 된다. 공(空)은 있는 것[有]도 아니고 없는 것[無]도 아니며 생기는 것도 아니고[不生] 없어지는 것도 아니며[不滅] 더해지는 것[增]도 줄어드는 것[減]도 아니다. 그리고 또한 있기도 하고 없기도 하며 생기기도 하고 없어지기도 하며 늘어나기도 줄어들기도 하는 것으로 모든 것의 출발이면서도 회귀(回歸)인 중도(中道)의 절대 수치(數値)이다.

그러나 0으로 표현된 공(空)이 원래는 고차원적인 시간과 공간 속의 모든 존재의 행위인 연기작용[工]을 다 아우르고 있는 능소능대의 고차원적인 구형(球形)의 ○[穴]이라고 할 수 있는데, 부득이 이차원적이고 평면적 부호인 0으로 표현된 것이다. 평면적 부호로 표현된 0은 묘한 힘을 가진 숫자다. 만약 어떤 숫자이든 0으로 나누거나[÷] 곱하면[×] 모든 것을 흡입하여 무화(無化)시키는 것이다. 그처럼 모든 것이 텅 빈 공(空)의 입장에서 조견(照見)하면 모든 행위[工]는 블랙홀에 빨려들 듯이 구멍[穴:○=0] 속으로 사라지고 만다.

요즈음은 희로애락의 감정을 표현하는 환수(幻數)를 표시할 때 0을 건드리지 않고 재미있게 쓰기도 한다. 사람의 마음을 사로잡는 서비스에 대하여 '100＋1＝200'이라는 등식이 있다. 100＋1＝101이 아니라 200이 되는 것은 하나의 좋은 서비스로 두 배의 효과를 낼 수 있다는 공식의 미묘한 표현이다. 그리고 일을 그르치게 하는 데는 '100－1＝0'이라는 법칙이 있다. 100－1＝99가 아니라 100－1＝00이니 00은 0이다. 백 가지를 잘하였더라도 하나를 잘못하여 기분을 상하게 하면 모든 것이 허사로 돌아가는 것을 표현한 말이다. 모든 것이 한 번 마음 내기에 따라 그 수치가 아주 달라진다는 뜻이다.

10이라고 할 때 십 자리를 차지하는 부호는 1에다 0을 쓰며, 100에도 1000에도 십진법에 무한히 쓸 수 있다. 101에도 1002에도 203045에도 쓴다. 그런데 0이 없는 것이라고 하여 떼어 버리면 어떻게 되는가. 101에서 0을 떼어 버리면 11이 되고, 103045에서 0을 떼면 1345라는 전혀 다른 수가 되고 만다. 각 단위의 실수(實數)가 없어져도 그 자리는 0으로 남게 된다. 이처럼 모든 숫자의 바탕에 저절로 깔리게 되어 도무지 제거할 수가 없는 수가 0이다.

1년이 365일이라는 숫자에는 0이 없다. 365는 300과 60과 5를 합하면서 0이 보이지 않지만, 365는 0을 바닥에 깔고 존재하는 것이다. 1보다 작은 소수에 0 다음에 소수점을 찍어 쓰고 있는 0.1, 0.002, 0.01403과 같은 실수의 바닥에도 마찬가지이다. 0은 천 개 만 개 제아무리 무한히 분화하고 합하더라도 0은 수학적으로 없는 것이지만, 숫자의 단위만큼이나 자동으로 모든 숫자의 바닥에 깔리게 된다.

0을 양수인 자연수의 뒤에 붙이면 10진법으로 늘어나는 기초가 되어, 1, 10, 100, 1000, … 이렇게 붙이면 붙일수록 무한대(無限大)를 향해 늘어나게 된다. 0의 소수점 아래에서는 0.01, 0.002, 0.0003 … 처럼 늘면 늘수록 더 축소되면서 무한소(無限小)로 향하게 하는 역할을 한다. 무한(無限)은 변두리가 없는 무변(無邊)이니 그 중심인 중앙(中央)이 없는 무앙(無央)이기도 하다. 무한의 세계에서는 대(大)와 소(小)의 차이가 사라진다.

모든 숫자는 그 자체가 절대 숫자인 0 위에서 존립하고 있다. 예를 들면 7이라는 수가 -7이 되어 0이 되기도 하지만, 7의 바탕이 그대로 0이라는 말이다. 그것은 마치 물 위에 떠 있는 수천 수만의 거품이 모두 물인 것처럼 모든 숫자의 바탕이 0이다.

예를 들면 365 − 5 = 360이며 365 − 60 = 305가 되듯이, 365 − 363 = 002이다. 002에서 00은 실수가 아니기 때문에 실수의 앞에 있는 0은 모두 생략하여 365 − 363 = 2라고 표기하는 것이다. 그리고 365 − 365 = 000이 된다. 그 만큼의 수가 사라져 버리면 365라는 수의 본바탕인 000이 되는 것이다. 그처럼 모든 수의 바탕이 0인 것이다.

물질인 색(色)이 없어져 공(空)이 되는 것이 아니라, 색 그대로가 공인 색즉시공(色卽是空)이며, 공이 따로 있는 것이 아니라 모든 색으로 현현(顯現)하는 공즉시색(空卽是色)인 것이다. 모든 숫자가 절대의 값어치인 공이며, 여러 가지의 상대적인 현상들이 그대로 절대의 현현인 것이다. 모든 현상은 그 바탕이 공하여 실체가 없기 때문에 인연을 따라서 언제나 변하기 마련이지만 그 바탕은 늘 여여(如如)한 것이다.

법(法)은 인연 따라 변해가는 모든 것, 즉 연기의 법칙(法則)에 의해 나타나는 모든 현상을 통틀어 말한다. 한자 법(法)을 풀면, 물을 뜻하는 삼수변(氵)에 갈 거(去)를 합한 글자이다. 물이 가는 것, 물처럼 흘러가는 것이 바로 법(法)이다. 하늘의 구름은 찬 기운을 만나 비가 되어 만물을 적시면서 땅 속에 스며들어 샘이 되고 냇물이 되어 낮은 데로 흘러간다. 물은 굽은 곳은 돌아가고 절벽에서는 폭포를 이루다가 한 곳에 고여 호수가 되거나 바다로 흘러간다. 그 물을 끌어다가 마시기도 하고 더러운 것을 씻기도 하고 음식을 만들기도 한다. 그릇마다 생긴 대로 물을 담을 수도 있으니 차를 끓이면 차가 되고 커피를 타면 커피가 되고 국을 끓이면 국물이 된다. 온도가 내려가면 얼음이 되고 온도가 높아지면 수증기가 된다. 수증기는 피어올라 안개나 구름이 되고 다시 비가 되어 내리는 순환을 계속한다. 물은 일정한 틀이 있는 것이 아니라 연기(緣起)되는 상황을 따라 변하는 것이다. 물처럼 흘러가며 변해가는 것, 이것을 즉 법(法)이라고 한다.

세상살이가 복잡해질수록 권선징악(勸善懲惡)을 위해 온갖 법률을 제정하는데 그것도 사회의 시대 상황을 따라 개정하면서 바뀌게 된다. 이런 헌장이나 헌법을 위시한 여러 법률과 규칙들도 원래 있던 것이 아니라 사회의 연기관계 속에서 생긴 것으로, 이것도 불교에서 말하는 광의(廣義)의 제법(諸法)에 속하는 것이다. 제법은 개체나 집단이 그리고 자연이 연기하며 나타나는 유형무형의 현상을 모두 일컫는 것이다.

상(相)이라는 것은 상대적으로 생겨났다가 사라지는 현상(現象)이다. 상은 마치 나무[木]에 눈[目]이 생길 때 서로 대칭적으로 생기는 것과 같아서, 나무의 눈이 한 쪽으로만 생기면 균형이 깨어져 휘어지고 쓰러지고 만다. 나무의 눈이 자라나 가지가 되면서 햇볕이나 경사도, 토양상태, 주변 나무와의 거리 등 조건에 맞추어 제각기 다른 양상(樣相)으로 생장하게 된다. 이와 같은 이치로 환경에 따라 반응하면서 나타났다가 사라지는 것이 상(相)이다.

이 모든 법은 상대적 연기에 의해 나타나고 사라지는 현상으로 그 바탕이 공(空)이며, 공은 절대(絶對)인 것이다. 절대인 공(空)은 상대를 떠나 따로 있는 것이 아니라, 연기되고 있는 상대의 현상 속에 그대로 녹아 있고 스며 있고 드러내고 있는 것이다. 이 상대의 세계를 떠나 따로 절대가 있다면 그건 상대와 상대되는 또 다른 대상일 뿐이다. 모든 상대적인 현상은 그대로 절대의 본질이 현현(顯現)한 것이며, 현현한 상대적인 현상은 그 본바탕이 절대의 공(空)인 것이다.

공상(空相)이란 말은 상은 상이로되 공(空)의 상(相)이란 말이다. 바로 절대의 바탕이 현현(顯現)한 현상(現象)인 것이다. 본질이 현상이며 현실이 본질인 것이다. 절대의 값어치인 공(空)은 아무리 넓히고 넓혀도 가없는 무한대(無限大)이며 제아무리 줄이고 줄여도 끝없는 무한소(無限小)이다. 무한에는 대소(大小), 장단(長短), 시종(始終) 등의 차별이 사라진다. 무한은 바로 능소능대(能小能大)이며 무시무종(無始無終)인 것이다. 공(空)은 상대성이 없는 절대의 숫자이면서도 상대적인 모든 숫자를 전부 아우르는 중도(中道)이며 진공묘유(眞空妙有)의 표상이다. 공을 바탕으로 그 가운데 존재하는 상대적인 모든 현상의 실상(實相)이 그대로 절대의 불가사의(不可思議)한 경계(境界)이다.

과학자들은 이 우주가 수백억 년 전 대폭발인 빅뱅(Big-Bang)을 일으켜 생겨났다가 수백억 년이 지나면 빅립(Big-Lip)에 의하여 소멸될 것이라고 한다. 법계(法界)에 원인 없는 결과는 없다. 빅뱅이 왜 일어났는지 그 원인에 대한 설명이 필요하다. 빅뱅이 일어나기 전에는 어떠했으며, 빅립은 또 무엇의 원인이 될 것인지? 과학자들이 말하는 우주는 한 번의 빅뱅과 한 번의 빅립으로 끝나는 일과성이 될지 모르지만, 이 법계(法界)는 일과적(一過的)인 것이 아니다.

이 법계는 크게 욕계(欲界)·색계(色界)·무색계(無色界)의 삼계(三界)로 나누어 말한다. 같은 공간에 수없이 많은 다른 채널이 공존하듯이, 이 법계에는 우리 인간의 능력으로는 도저히 감지할 수 없는 다른 양상으로 수없는 우주들이 혼재해 있는 것이다. 우리 몸을 구성하는 100조 개의 세포 가운데 일부는 죽어 없어지고 동시에 새로운 세포가 다시 만들어지고 있듯이, 우리 인류의 인식체계로는 감지하지 못하는 크고 작은 다른 채널의 빅뱅과 빅립이 지금도 동시 다발적으로 계속 일어나고 있는지도 모른다. 우리가 말하는 입체적인 우주는 수많은 은하계로 이루어진 것으로 고차원적으로 형성된 무한한 법계 가운데 일부일 뿐이다.

법계의 성품은 공(空)이다. 공(空)은 제아무리 분화(分化)하고 합성하더라도 여여(如如)할 뿐이다. 이 법계 가운데서 연기하는 모든 제법(諸法)은 성품이 공한 현상[空相]이니, 생긴 것도 아니고 사라지는 것도 아니며[不生不滅], 깨끗한 것도 아니고 더러운 것도 아니며[不垢不淨], 늘어나는 것도 아니고 줄어드는 것도 아닌 것[不增不減]이다.

> 모든 문은 안을 위해 닫기도 하고
> 언제든지 밖을 향해 열기도 한다.
> 문을 열고 닫기를 아무리 반복해도
> 지도리는 한결같이 그 자리에 있을 뿐.

꿈을 깨니 서창에 달빛만 비춘다

시고 공중 무색 무수상행식
是故 空中 無色 無受想行識

이러므로 공(空)에는 색(色)이 없고,
수(受)·상(想)·행(行)·식(識)도 없다.

공은 상대성을 초월한 절대(絶對)이면서도 상대적(相對的)인 모두를 아우르는 중도(中道)이므로 이를 진공묘유(眞空妙有)라고도 한다. 실체 없는 공이 연기하여 나타나는 모든 현상이 바로 묘유(妙有)이다. 모든 현상은 연기의 공성(空性)에 바탕을 두고 있어, 생겨나고 사라지거나 깨끗하고 더럽거나 늘어나고 줄어드는 천변만화(千變萬化)를 일으키더라도 근본 바탕은 저 허공처럼 여여할 뿐이다. 그러므로 공(空) 가운데서 이를 바탕으로 연기하며 존재하는 물질[色]의 현상이나 정신적인 의식작용인 수(受)·상(想)·행(行)·식(識)은 실재(實在)하는 것이 없다.

모든 것이 본래 텅 빈 가운데 실재하는 것이 없으니 무한 가능성이 열리어 있고, 우리는 이를 바탕으로 이 세상을 언제 어디서나 인식의 주체로서 그리고 연기의 주체로서 가는 곳마다 주인이 되는 수처작주(隨處作主)의 삶을 살 수 있다.

우리의 삶을 한바탕 꿈이라고 비유한다. 중국의 고사에 한단몽(邯鄲夢)이라는 이야기가 있다. 당나라 개원(開元) 19년에 한단(邯鄲)이라는 곳의 어느 여관에서 노생(盧生)이라는 젊은이가 연세가 든 여옹(呂翁) 도사를 만났다. 노생은 도사에게 사내대장부로 태어나서 지금 이렇게 가난에 찌들어 곤궁하게 사는 것을 탄식하였다. 도사는 '부귀공명이란 덧없는 것이니 그렇게 바랄 것이 아니다.'라며 이리저리 달래면서 일러주었으나 노생이 끝내 긍정을 하지 않았다. 그러자 도사는 봇짐 속에서 베개를 꺼내 주며 '이것을 베고 자면 부귀영화를 뜻대로 누릴 것이다.'라고 하였다. 그때 문득 밖을 보니 여관집 주인이 노란 좁쌀로 밥을 짓고 있었다. 노생은 도사가 주는 베개를 베고 순식간에 깊은 잠에 빠졌다.

잠결에 들으니 주막집 문 앞이 시끄러웠다. 사내들이 떼를 지어 나타났는데, 그 중에 한 사내가 소리 높여 노생의 이름을 불러

찾았다. 노생은 깜짝 놀라 자리에서 일어났다. 노생은 얼떨결에 인도하는 사람들을 따라가 어느 명문가의 사위가 되었다. 온갖 부귀를 누리면서 사는 동안 부침을 겪다가 벼슬이 재상의 자리에 오르게 되었다. 그의 다섯 아들도 모두 그의 음덕을 입어 지위가 높은 관리가 되어 가문이 크게 번성하였고, 그는 명재상(名宰相)으로 명성을 천하에 떨쳤다. 그러다가 그의 나이 80이 되어 대역죄를 지었다는 모함을 받아, 포박당하여 형장으로 끌려갔다. 그렇게 되니 평소에 가까이 하던 사람들이 그에게 손가락질하며 온갖 모욕을 주고 그의 처자식들마저도 원망을 하였다. 부귀영화도 부질없는 물거품으로 돌아가고 비명횡사를 하게 되었다. 원통하기도 하고 후회되기도 했지만 소용이 없는 일이라 혼자 엉엉 소리 내어 울었다. 드디어 망나니의 시퍼런 칼날이 노생의 목을 내리쳤다.

목이 뎅그렁 날아가는 그 순간 단말마의 비명을 지르며 노생은 화들짝 잠에서 깨어났다. 목을 만져보니 개미 한 마리가 노생의 목을 물어뜯고 있었다. 한바탕 꿈이었다. 주인이 짓던 노란 좁쌀 밥은 아직 채 익지도 않았다. 그때 여옹 도사가 빙그레 웃으며 말했다.

"그래, 아직도 장군이 되고 재상이 되는 것이 좋은가?"

노생이 깜짝 놀라서 물었다.

"그것을 어찌 아셨습니까?"

여옹은 빙그레 웃으며 대꾸했다.

"나의 베개를 베고 잠이 들면 소원대로 꿈을 다 이룬다네."

노생은 여옹에게 큰절을 하고 말했다.

"부질없는 허욕을 버리도록 깨우쳐 주셔서 감사합니다."

여옹은 베개를 다시 봇짐 속에 넣고 일어나 어디론가 사라져 버렸다. 그 베개를 한단침(邯鄲枕)이라고 하고, 그 꿈을 한단몽(邯鄲夢)이라고 부른다.

●

『삼국유사』 권3의 「조신조(調信條)」에 나오는 조신(調信)의 이야기는 춘원 이광수의 소설 『꿈』의 모티브가 되기도 하였다.

옛날 경주 세규사(世逵寺)의 장원(莊園)이 명주군에 있었는데 본사(本寺)에서 조신이라는 사람을 보내어 장원 관리를 맡게 했다. 조신이 장원에 와서 태수 김흔의 딸을 좋아하여 깊이 연모하게 되었다. 그는 여러 번 낙산사 관음보살 앞에 나아가 그녀와 인연 맺어줄 것을 남몰래 빌었다. 그런데 그녀에게는 이미 부모님이 정한 배필이 있었다. 그는 관음보살이 자기의 소원을 들어주지 않는다고 원망하며 법당에서 날이 저물도록 슬피 울다가 지쳐서 잠시 졸았다. 꿈속에 갑자기 김씨 낭자가 기쁜 얼굴로 문으로 들어와 활짝 웃으면서 말하였다.

"저도 일찍이 당신을 먼발치에서 잠시 뵙고 마음속으로 사모하며 잠시도 잊지 못했습니다. 그러나 부모님의 명을 이길 수 없어 다른 사람에게 시집을 갔습니다. 하지만 그리움을 못 잊어 몰래 도망쳐 나왔습니다. 어디론가 함께 가서 같이 삽시다."

조신은 기뻐 어쩔 줄 몰라 하며 그녀와 함께 고향으로 돌아가서 여러 해 동안 살면서 자녀 다섯을 두었다. 그러나 집은 가난하여 끼니도 제대로 이을 수 없었다. 마침내 식구들을 데리고 떠돌아다니면서 얻어먹으며 살아야 했다. 이렇게 몇 년 동안 방방곡곡을 헤매다 보니 누더기가 된 옷은 몸뚱이도 가리지 못할 지경이 되었다. 명주의 해현령을 지날 때는 열다섯이 된 큰 아이가 마침내 굶어죽었다. 부부는 통곡하면서 아이의 시신을 길가에 묻었다. 남은 식구들을 이끌고 그들 부부는 띠를 엮어 허름한 집을 짓고 살았다. 이제 부부는 늙고 병든데다 굶주려서 일어나지도 못하였다.

열 살 난 딸이 동네에 밥을 얻으러 갔다가 개에게 쫓기다가 물렸다. 딸아이는 비명을 지르며 집으로 달려와 쓰러졌다. 부부는 가슴이 칼로 저미듯 아프고 목이 메어 눈물만 흘렸다. 부인이 눈물을 닦고 나서 말했다.

"내가 처음 당신을 만났을 때는 나이도 젊고 얼굴도 수려했고 입은 옷도 깨끗했습니다. 맛있는 음식도 나누어 먹었고 옷 한 가지도 서로 나누어 입었습니다. 집을 나온 지 벌써 수십 년이 지났으며 정은 깊고 사랑도 얽혔으니 참으로 깊은 인연입니다. 그런데 요즈음은 해가 갈수록 몸이 쇠약하여 병도 깊어지고 굶주림과 추위가 날로 더욱 심해지니 남의 음식조차도 빌어 먹을 수 없게 되었습니다. 집집마다 걸식하는 부끄러움도 이루 말할 수 없습니다. 추위에 떨고 굶주리는 아이들을 미처 돌봐 주지도 못하는데 어느 틈에 둘이서 부부의 정을 나눌 수 있겠습니까? 아름답던 얼굴과 행복했던 웃음도 풀잎에 이슬이요, 지란(芝蘭) 같은 맹서도 바람 앞에 흔들리는 버들가지입니다. 당신에게는 내가 짐이 되고, 당신은 나의 근심이 됩니다. 가만히 지난날 즐거웠던 일을 돌이켜보니 그것이 오히려 괴로움의 원인이었습니다. 당신과 내가 어찌해서 이런 지경이 되었습니까? 여러 마리 새가 함께 굶어 죽는 것보다는 짝 잃은 난새가 거울을 향해 홀로 짝을 부르는 것이 차라리 더 나을 것입니다. 따뜻할 때는 서로 찾고 따르다가 차갑게 식어지면 버리고 마는 그런 짓은 차마 인정으로 할 수 없는 일입니다. 그러나 그것도 사람 마음대로 할 수 없는 것이며, 헤어지고 만나는 것 또한 운수가 따르는 것이니 이제 그만 서로 헤어지기를 바랍니다.”

조신은 아내의 말에 반박할 거리를 찾을 수 없었다. 부부는 각기 아이를 둘씩 나누어 맡아서 떠나기로 하였다. 아내가 두 아이를 데리고 떠나며 말했다.

“나는 고향으로 갈 터이니 당신은 반대 방향인 남쪽으로 가십시오.”

조신은 나머지 두 아이의 손을 잡아끌며 반대방향으로 발걸음을 옮겼다. 못 먹고 병들어 여윈 몸으로 무거운 걸음을 옮기는데 하염없이 눈물이 흘러 앞을 가렸다. 앞에 있는 돌부리를 보지 못하고 그만 넘어져 문득 꿈에서 깨어났다.

법당에는 타다 남은 등불만 깜박거리고 있었다. 밤이 거의 새서 날이 밝으려 하고 있었다. 잠깐 동안의 꿈에 한평생 살면서 고생을 다 겪고 나니, 이미 세상일에 뜻이 없어지고 연정을 품었던 마음도 눈 녹듯 사라졌다. 고개를 들어 앞에 모신 관음보살의 상을 우러러보니 면구스럽고 부끄럽기 짝이 없었다.

다음 날 꿈속에 아들을 묻었던 무덤자리를 찾아가서 파 보았다. 그 자리에서 돌로 만든 미륵불상이 나왔다. 조신은 세 번 절을 한 다음에 깨끗한 물로 말끔히 씻어 부근의 절에 모셨다. 장원을 맡았던 책임을 그만두고 서라벌로 돌아가 사재(私財)를 기울여 정토사(淨土寺)를 세우고 수행에 전념하였다고 한다.

●

조선 숙종 때의 문장가이며 정치가였던 서포 김만중은 불심(佛心)이 깊은 효자로 남해의 유배지에서 어머니를 위해서 한글 소설 『구운몽』을 지어드렸다. 우리들이 꿈꾸는 이 세상의 부귀공명은 부질없고 무상한 것이니 그런 꿈에서 깨어나 불도를 닦아 불생불멸의 진리를 찾아야 한다는 내용이다.

중국 남악 형산의 연화봉에 서역으로부터 불교를 전하러 온 육관 대사가 법당을 짓고 법회를 베풀었는데, 가까운 동정호의 용왕도 참석하였다. 법회가 끝난 뒤 육관 대사는 용왕에게 감사함을 전하기 위해 제자인 성진을 보냈다. 한편 형산의 선녀 위 부인은 여덟 명의 선녀를 육관 대사에게 보내 법회에 참석하지 못한 것을 사과하였다.

용왕의 후한 접대를 받고 취하여 돌아오던 성진은 마침 되돌아가던 아름다운 여덟 선녀와 석교 위에서 만나게 되었다. 성진은 황홀하게 아름다운 여덟 선녀와 서로 말을 주고받으며 잠시 희롱하였다. 선방에 돌아온 성진은 아름다운 여덟 선녀에 대한 연정이 일어났다. 출가하지 않고 세상에 그대로 살면서 입신양명하면 좋겠다고 생각하던 성진은 깜박 졸음에 빠져들었다.

한 생각 어리석은 연정을 품고 세상의 욕락을 생각한 것이 인연이 되어, 성진은 여덟 선녀와 함께 인간세상으로 추방되어 회남 수주현에 사는 양 처사의 아들 양소유로 태어나게 되었다.

양소유는 소년으로 과거에 급제한 후에 승승장구하여 절도사가 되고, 다시 대원수가 되고 나중에는 위국공(衛國公)에 봉해졌다. 그 동안 두 공주와 혼인하여 부마가 되고 여섯 낭자를 첩으로 거느리게 되었다. 그는 여덟 부인과 일가를 이루어 화락한 가운데 부귀와 영화를 마음껏 누렸다.

어느 날 생일을 맞아 양소유는 여덟 부인과 함께 종남산에 올라가 소풍을 즐겼다. 문득 고개를 들어 멀리 북망산에 묻힌 수많은 영웅호걸의 황폐한 무덤을 보게 되었다. 인생의 무상함을 느끼게 된 양소유는 남해의 관세음보살 도량을 찾아가 불생불멸의 불도를 닦아야겠다고 생각하였다.

그리하여 여덟 부인과 함께 절을 찾아가는 도중 자욱한 구름 속에서 노승을 만나 서로 이야기를 나누다 문득 잠에서 깨었다.

주위를 살펴보니 노승은 간 곳 없고 여덟 부인도 함께 사라지고 없었다. 높은 누각과 화려한 집도 모두 없어졌다. 향불은 이미 꺼진 지 오래인데 서쪽 창문에 밝은 달빛만 비추고 있었다. 성진이 긴 꿈에서 깨어나자 육관 대사가 말하였다.

"장자가 잠을 자다 꿈속에 나비가 되었는데, 깨어나서는 자신이 나비 꿈을 꾸었는지 나비가 자기 꿈을 꾸고 있는지 알 수 없었다. 나비와 장자 중에 어느 것이 가짜이며 어느 것이 진짜인가? 자네 성진과 양소유 두 사람 중에 누가 꿈속의 사람이고 누가 현실의 사람이냐? 『금강경』에 '이 세상의 모든 것은 꿈이나 허깨비·물거품·그림자 같고 이슬과 같고 번개와 같으니, 응당 이와 같이 보라.'고 하였느니라."

성진은 다시 찾아 온 여덟 선녀와 함께 육관 대사의 법문을 듣고 발심하여 크게 도를 깨달았다.

●

어떤 사람이 그림자가 자신이 하는 행동을 그대로 따라하는 것이 재미있었다. 그래서 이런저런 온갖 몸짓을 하며 갖가지 그림자 모양을 만들며 놀았다. 별별 행동을 다 해보다가 지쳐서 그만두었다. 그런데도 그림자는 그가 가는 곳마다 계속 따라다니는 것이 너무 귀찮았다. 어디서 몰래 남의 과일을 따먹으려고 해도 그림자가 그대로 따라하는 것이었다. 그림자는 그가 남몰래 하는 행동도 모두 따라하는 것이었다. 그는 날이 갈수록 불안해졌다. 다른 사람들에게는 숨기고 싶은 창피한 일, 나쁜 일도 그림자는 모두 알고 있다고 생각되었다. 그가 무엇을 하든 그림자에게 몽땅 들키는 것 같아서 불안하고 두려워 아무것도 할 수 없었다. 그림자를 떼어버려야겠다고 마음먹은 그는 도망을 쳤다. 그런데 그가 동쪽으로 가면 그림자도 동쪽으로 따라왔다. 그가 서쪽으로 가면 그림자도 서쪽으로 따라왔다. 그가 어디로 가든 그림자도 그에게 딱 달라붙어서 어김없이 따라왔다. 천천히 가도 그림자가 따라오고 숨이 턱에 차도록 빨리 달려도 그림자는 따라왔다. 그가 발걸음을 옮길 때 그림자도 함께 걸음을 떼어 옮겼다. 아무리 도망쳐도 그림자는 끝없이 따라왔다. 마침내 지칠 대로 지쳐버린 그는 나무 그늘 아래에 주저앉아 쉬게 되었다. 시간이 얼마 흐른 뒤 한숨을 돌린 그가 문득 그림자를 찾아보았는데 그림자는 더 이상 보이지 않았다. 그 순간 그의 마음을 끊임없이 괴롭히던 불안과 두려움, 미움이 사라졌다.

　우리에게는 그림자보다 더 지독하게 따라다니는 것이 있다. 태어나고 늙고 병들고 결국에는 죽는 것이다. 우리는 나고 죽음을 싫어하고 미워하며 떨쳐버리려고 한다. 나고 죽음도 그림자와 같은 것이다. 그림자는 음과 양, 빛과 어두움, 원인과 결과로 만들어진 상대적인 관계의 소산이다. 모든 것을 쉬게 하는 나무 그늘은 그림자가 사라지고 상대성이 없어진 경지이다. 그러한 곳에 고요히 앉아 마음을 쉬고 있으면 그림자도 사라지고 근심과 걱정, 불안과 두려움도 함께 사라진다.

실체가 없는 그림자를 위해 살면 그림자의 노예가 되어 불안과 공포 등 온갖 스트레스가 생긴다. 마음이 쉬고 고요한 가운데 가만히 생각해 보면 그림자는 본래 실체가 없는 것이다. 그림자는 내가 하는 대로 따라서 하는, 그야말로 그림자일 뿐이다. 그림자는 지울 수 없다. 아니 지울 필요가 없다. 다만 그것이 그림자라는 것을 그냥 깨닫기만 하면 된다. 오온(五蘊)이 본래 공(空)한 줄 조견(照見)하면, 나의 그림자[色]가 없어지고 근심과 걱정, 불안과 두려움의 수·상·행·식도 사라진다.

그림자는 본래 실체가 없어서, 내가 지른 소리가 메아리가 되어 돌아오는 것처럼 그렇게 감응하는 것인 줄 깨달으면 된다. 그러면 내가 그림자의 주인이 되어 살게 된다. 우리의 꿈속에 펼쳐지는 세계와 그 안에서 느끼는 희로애락은 있는 것도 아니며 없는 것도 아니다. 꿈꾸는 사람은 꿈속에서 울고 웃지만 깨어 있는 사람에게는 실재하는 것이 아닌 공한 것이다.

오온이 공한 줄 깨달은 사람은 물질적인 현상인 색(色)이나 정신적인 현상인 수·상·행·식이 본래 있는 것이 아님을 안다. 그는 눈을 뜬 사람처럼 꿈을 깬 사람처럼 자신의 길을 미혹하지 않고 당당하게 살게 된다.

한단침 높이 베고 홍진(紅塵) 속을 달리면서
인간세상 부귀공명 마음껏 누리다가,
어디선가 들려오는 종소리에 꿈을 깨니
베갯가에 조각달만 차갑게 비춘다.

내 집 살림 다 부수니,
간 곳마다 주인이네

무안이비설신의 무색성향미촉법 무안계 내지 무의식계
無眼耳鼻舌身意 無色聲香味觸法 無眼界 乃至 無意識界

눈·귀·코·혀·몸·의식이 없고,
빛깔·소리·냄새·맛·감촉·의식의 대상이 없으니,
눈의 경계도 없고 나아가 의식의 경계도 없는 것이다.

오온으로 형성된 우리의 인식체계는 각기 독립적으로 존재하는 것이 아니다. 우리들이 세계를 감지하는 인식 체계를 살펴보자. 우리에게는 눈·귀·코·입·몸·뜻의 여섯 감각기관이 있다. 이를 육근(六根)이라고 한다. 육근의 주변에는 빛깔·소리·향기·맛·감촉·대상경계의 환경이 둘러싸고 있다. 그 환경은 우리에게 번뇌를 일으키게 하는 먼지가 되므로 육진(六塵)이라고 하며, 또는 바깥의 환경(環境)이며 경계(境界)이므로 육경(六境)이라고 한다. 육근(六根)과 육근에 대비되는 육경(六境)을 합하여 12처(處)라고 한다.

　이 속에서 우리의 의식이 작용하여 눈으로 빛깔을 알아보고, 귀로 소리를 들어보고, 코로 냄새를 맡아보고, 혀로 맛을 보고, 몸의 피부로 감촉을 느끼고, 의식으로 대상을 인식하는 것이다. 의식이 눈을 통해 사물을 인식하는 것을 안식(眼識), 귀를 통해 소리를 인식하는 것을 이식(耳識), 코로 냄새를 인식하는 것을 비식(鼻識), 혀로 맛을 인식하는 것을 설식(舌識), 몸으로 감촉을 느끼는 것을 신식(身識), 뜻으로 대상경계를 인식하는 것을 의식(意識)이라고 한다. 이 여섯을 육식(六識)이라고 한다.

　또한 의식이 눈으로 빛깔을 인식하는 경계(境界)를 안계(眼界), 의식이 귀로 소리를 인식하는 경계를 이계(耳界), 의식이 코로 냄새를 인식하는 경계를 비계(鼻界), 의식이 혀로 맛을 인식하는 경계를 설계(舌界), 의식이 몸으로 감촉을 인식하는 경계를 신계(身界), 의식(意識)이 뜻으로 대상경계을 인식하는 경계를 의식계(意識界)라고 한다.

　육근(六根)과 육진(六塵), 육식(六識)을 모두 합한 안계(眼界)·이계(耳界)·비계(鼻界)·설계(舌界)·신계(身界)·의식계(意識界)를 십팔계(十八界)라고 한다. 도표로 표시하면 다음과 같다.

십팔계十八界	안계(眼界)	이계(耳界)	비계(鼻界)	설계(舌界)	신계(身界)	의식계(意識界)
육식六識	안식(眼識) 보고	이식(耳識) 듣고	비식(鼻識) 냄새 맡고	설식(舌識) 맛보고	신식(身識) 감촉하고	의식(意識) 인식함
육근六根	눈[眼]	귀[耳]	코[鼻]	혀[舌]	몸[身]	뜻[意]
육진六塵	빛[色]	소리[聲]	냄새[香]	맛[味]	감촉[觸]	대상[法]

●

조동종(曹洞宗)의 개조인 동산양개(洞山良介)는 어릴 때 반야심경을 외우다가 '눈·귀·코·입·몸·뜻이 없다[無眼耳鼻舌身意].'라는 구절에 이르러 문득 의심이 났다. 손으로 자기 얼굴을 더듬어 보니 눈·귀·코·입이 분명히 있었다. 의심을 풀지 못한 동산은 스승에게 물었다.

"사람에게는 눈·귀·코·입·몸·뜻이 분명히 있는데, 어째서 경에는 없다고 합니까?"

내 얼굴에 눈이 분명히 붙어 있는데 왜 경전에는 없다고 하는가? 제자의 질문에 스승은 속시원한 대답을 하지 못했다.

눈은 보는 것이다. 바깥의 모든 사물을 볼 수 있다. 그러나 자기 자신, 즉 눈은 눈을 보지는 못한다. 내 앞에 펼쳐진 산과 들에 핀 꽃도 보고 오가는 사람도 보고 내 손발도 보는데 어찌하여 그것을 보는 눈은 보지 못하는가? 우리가 손으로 눈을 만지고 나서 눈이 있다고 한다. 그러나 그것은 눈을 본 것이 아니다. 손에 만져진 눈에 대한 촉감이다. 눈이라는 감각기관은 대상을 보는 작용을 하는 것이다. 대상을 보지 못하는 것은 눈이 아니다.

거울에 비춰보면 내 눈을 볼 수 있다고 하는 사람도 있을 것이다. 그러나 그것은 눈이 눈을 보는 것이 아니다. 그것은 거울에 되비춰지는 영상(影像)의 색(色)이다. 내가 보고 있는 다른 사람의 눈도 역시 희고 검은 색깔로 이루어진 형태의 보여지는 대상일 뿐이다. 거울에 비친 나의 눈이나 내 눈에 비친 남의 눈은 눈이 아니라, 대상인 색경(色境)인 것이다.

모든 것은 상호의존의 관계 속에 존재한다. 서로 의존하지 않으면 아무 의미가 없는 것이며, 그런 상호의존의 관계에 의해 존재하는 것은 실체가 없다. 눈이 눈을 보려 하면 외부대상은 사라지고 눈만 홀로 있게 된다. 눈 스스로 눈을 보려 할 경우 눈만 홀로 있게 되어 결국 눈의 존재 의미는 사라지고 마는 것이다. 이것이 없으면 저것이 없듯이, 보이는 대상이 없으면 눈은 존재 의미가 없다. 상호의존하는 관계가 사라지고 모든 것이 공(空)한 그 자리에는 주관도 객관도 다 사라진다. 아무리 아름답게 보이는 대상도 관찰자가 없으면 무슨 의미인가? 육근의 나머지인 귀·코·입·몸·의식도, 대상인 색(色)·성(聲)·향(香)·미(味)·촉(觸)·법(法)도 마찬가지이다.

동산은 뒷날 위산(潙山) 선사의 소개로 운암(雲巖) 선사를 찾아갔다. 동산은 운암에게 물었다.

"스님이 돌아가신 후에 누가 스님의 진영(眞影)을 보지고 하면 어떻게 해야 합니까?"

운암 선사의 진면목을 물으면 무어라 답해야 하느냐는 물음이다. 또한 죽은 후 화장을 하고 나면 눈·귀·코·입·몸·뜻이 없어지는데[無眼耳鼻舌身意] 그때 스님의 참모습은 무엇이냐는 물음이기도 하였다. 운암 선사는 한참 있다가 말했다.

"바로 이것이라고 말해라[卽這箇是]."

바로 이것이라니…? 언뜻 이해되지 않는 말이었다. 동산은 그 뜻을 몰라 머리를 숙이고 있는데 운암이 다시 말하였다.

"이 이치는 아주 자세하게 생각해야 한다."

동산은 의심을 풀지 못하고 한동안 그냥 지냈다. 그러던 어느 날 강물을 건너다 문득 물에 자기 비친 그림자를 보고 크게 깨달았다. 스승의 말을 이해할 수 있었다. 그리고 나서 다음과 같은 게송을 지었다.

남을 따라 찾지 말라.
나와 더욱 멀어진다.
나는 지금 홀로 가며
어디서나 그를 보네.
그는 바로 나이지만
나는 지금 그 아니니
이와 같이 알아야만
참 이치에 맞으리라.

切忌從他覓

迢迢與我疎

我今獨自往

處處得逢渠

渠今正是我

我今不是渠

應須恁麽會

方得契如如

　연기의 법칙은 "이것이 있음으로 저것이 있고, 이것이 없으면 저것도 없다."는 것이다. 어떤 존재이든 홀로 독립적으로 존재하는 것은 없다. 무엇이든 홀로 있는 것은 의미를 잃고 만다. 식탁 위에 사과가 하나 놓여 있었다. 거기에다 누군가 사과를 하나 더 가져와 나란히 놓았다. 두 개의 사과가 함께 있으니 서로 비교가 되어 크고 작은 대비(對比)를 이루었다. 둘 중 작은 사과를 다른 곳으로 옮기고 나니, 남은 사과는 비교의 대상이 없어졌다. 크다거나 작다거나 할 아무 의미가 사라졌다. 이번에는 책상에 남은 사과보다 큰 사과를 가져다 올려 놓았다. 아까는 크게 보이던 사과가 이번에는 작게 보인다. 사과가 하나뿐일 때는 크다거나 작다거나 할 수 없다. 작은 것과 함께 있으면 상대적으로 큰 것이 되고, 더 큰 것과 함께 있으면 상대적으로 작아진다.

이 십팔계(十八界)도 영원히 변치 않고 홀로 독립하여 있는 실재(實在)가 아니다. 모든 것은 일정한 틀 속에 고정되어 있지 않다. 세상은 우리의 의지에 의해서, 우리가 바라보는 각도에 따라서 얼마든지 변화할 수 있는 것이다. 삼계유심(三界唯心)이요, 만법유식(萬法唯識)이라고 했다. 이 세상은 내 마음이 빚어낸 것이며, 온갖 법도 우리의 의식이 만들어 나가는 것이다. 우리는 스스로 만들어 놓은 그 어떤 틀이나 덫에 둘러싸여 거기에 갇히거나 얽매이지 말고 열린 마음으로 가는 곳마다 스스로 세상의 주인이 되는 수처작주(隨處作主)의 삶을 살아야 한다. 조주 스님이 말했다.

"나는 18세에 가산(家産)을 송두리째 깨부수는 소식을 깨달았다. 그때까지 나는 하루 24시간의 노예로 살아왔지만 그 뒤로는 하루 24시간을 맘껏 부리며 산다."

나고 죽음 가운데 무생(無生)의 길이 있다

무무명 역무무명진 내지 무노사 역무노사진
無無明 亦無無明盡 乃至 無老死 亦無老死盡

무명(無明)이 없고, 또한 무명이 다함도 없으니,
나아가 늙고 죽음도 없고 또한 늙고 죽음이 다함도 없다.

고통 받는 중생이 나고 죽으며 무한히 윤회하는 연쇄적인 인과관계를 열두 가지로 나눈 것이 12연기(緣起)이다. 12인연(因緣)이라고도 한다. 중생계가 일어나는 작용의 실상을 설하신 진리이다. 12연기에는 무명(無明) → 행(行) → 식(識) → 명색(名色) → 육입(六入) → 촉(觸) → 수(受) → 애(愛) → 취(取) → 유(有) → 생(生)

→ 노사(老死)의 열두 과정이 있다.

부처님이 보리수 아래에서 처음 깨달음을 얻으신 뒤 결가부좌한 채로 7일 동안 해탈의 기쁨을 누리면서 앉아 계셨다. 7일이 지난 후 초저녁에 부처님은 삼매에서 다음과 같은 순서로 연기(緣起)의 법을 사유하셨다.

"이것이 있으면 저것이 있다. 이것이 생기면 저것이 생긴다. 즉 무명(無明)에 의해서 행(行)이 있다. 행에 의해 식(識)이 있으며, 식에 의해 명색(名色)이 있고, 명색에 의해 육입(六入)이 있으며, 육입에 의해 촉(觸)이 있고, 촉에 의해 수(受)가 있으며, 수에 의해 애(愛)가 있고, 애에 의해 취(取)가 있으며, 취에 의해 유(有)가 있고, 유에 의해 생(生)이 있으며, 생에 의해서 노(老)·사(死)·수(愁)·비(悲)·고(苦)·우(憂)·뇌(惱)가 있다. 모든 괴로움은 이렇게 해서 생기는 것이다."

이것은 고(苦)의 발생 과정을 순서대로 설명하는 방법으로, 연기의 순관(順觀)이라고 한다. 그리고 나서 한밤중에 이르러 부처님은 삼매에서 일어나 다음과 같이 연기의 법을 거꾸로 사유하셨다.

"이것이 없으면 저것이 없어진다. 이것이 사라지면 저것이 사라진다. 즉 무명이 사라지면 행이 사라지고, 행이 사라지면 식이 사라지며, 식이 사라지면 명색이 사라지고, 명색이 사라지면 육입이 사라지며, 육입이 사라지면 촉이 사라지고, 촉이 사라지면 수가 사라지며, 수가 사라지면 애가 사라지고, 애가 사라지면 취가 사라지며, 취가 사라지면 유가 사라지고, 유가 사라지면 생이 사라지며, 생이 사라지면 노·사·수·비·고·우·뇌가 사라진다. 모든 괴로움은 이렇게 해서 사라지는 것이다."

이것은 고(苦)가 소멸하는 과정을 설명하는 방법으로, 연기의 역관(逆觀)이라고 말한다. 12연기의 원리를 요약하여 정리하면 "이것이 있으면 저것이 있고, 이것이 생기면 저것이 생긴다. 이것이 없으면 저것이 없어지고, 이것이 사라지면 저것이 사라진다."는 것이다. 이것을 '연기의 법칙' 또는 '연기법'이라고 한다.

연기의 법칙은 부처님이 만들어낸 것이 아니다. 부처님이 깨달은 다음 삼매에서 일어나 사유하면서 만유(萬有)가 존재하는 이치를 연기의 법칙으로 정리한 것이다. 이 법칙은 부처님이 태어나기 이전에도 있었던 이치이며 앞으로도 연기의 원리는 계속될 것으로, 어느 누구에게나 다 적용되는 이치이다. 연기법의 근본 목적은 인생의 근원적인 문제인 '고(苦)'가 어떻게 생겨나고, 또 어떻게 사라지는가를 밝히는 것이다.

12연기를 관찰하는 방법에는 위에서처럼 순관(順觀)과 역관(逆觀)의 두 가지가 있다. 순관은 고의 발생 과정을 설명하는 방법이다. 존재가 무명과 욕망 등으로 말미암아 불행을 일으키며 윤회의 세계에서 생사를 되풀이하면서 유전(流轉)하는 과정을 설명하는 방법이다. 그래서 이것을 유전연기(流轉緣起)라고도 부른다.

역관은 고가 소멸하는 과정을 설명하는 방법이다. 우리가 무명과 욕망의 원인을 제거하여 행복한 삶으로 바꾸면서 생사유전(生死流轉)의 세계에서 벗어나 열반으로 돌아가는 과정을 설명하는 것이다. 그런 까닭으로 적멸(寂滅)로 돌아가는[還] 연기, 즉 환멸연기(還滅緣起)라고도 한다.

연기법은 중생이 결국 늙고 죽으면서 근심하고, 슬퍼하고, 고뇌하는 괴로움[老死憂悲苦惱]이 있게 되는 인과과정을 12단계로 설명하는 것이다.

무명(無明)

: 무명(無明)은 말 그대로 '명(明)이 없는 것(無)'이다. 진리에 대한 무지(無智)로 인하여 실재성(實在性)이 없는 허상을 실상(實像)인 나[我]로 착각하는 상태를 말한다.

현재 나[我]라고 집착하는 것은 악업의 인(因)에 의해 과(果)를 받는 중생의 어리석은 마음을 뜻한다. 무명은 과거 오랜 세월 동안 익혀온 것으로 따로 씨앗이 있는 것이 아니라 지금 현재의 미혹이 바로 무명이다.

행(行)

: 무명이 연(緣)하여 행(行)이 일어나게 된다. 행(行)이란 무명(無明)이 신(身)·구(口)·의(意)의 삼업(三業)에 의해 정신적으로 혹은 육체적으로 계속 연(緣)하면서 행위(行爲)하는 것이다. 무명에서 무명으로 끝없이 이어지는 흐름이 행이다. 무명의 행위로 일으키는 삶 자체이다.

식(識)

: 행(行)의 흐름이 계속되면서 상황에 따라서 인식도 따라 변하면서 새롭게 형성된다. 행(行)이 누적되고 형성되는 작용에 의해 식(識), 즉 인식(認識)이 발생한다. 식(識)이 쌓여 장식(藏識)이 된다.

명색(名色)

: 우리가 지어온 업력의 소산으로 형성된 식(識)에 연하여 명색(名色)이 일어난다. 명(名)은 비물질적인 것을 가리키고, 색은 물질적인 것을 가리킨다. 비물질적인 것과 물질적인 것[形色]을 합하여 명색이라고 말한다. 명(名)은 바로 업에 의해 형성된 의식이며 그 의식에 투영된 것이 색(色)이다. 명색은 지(地)·수(水)·화(火)·풍(風)의 사대로 구성된 물질, 즉 색(色)과 수(受)·상(想)·행(行)·식(識)이 한 곳에 어우러진 상태이다. 색·수·상·행·식의 오온은 식(識)에 의해 일어나는 것이고, 오온으로 존재하는 현상은 식에 의해 투영되고 펼처진 것이므로 만법유식(萬法唯識)이라고 한다.

육입(六入)

: 명색(名色)으로 연하여 육입(六入)이 발생한다. 육입이란 눈(眼)·귀(耳)·코(鼻)·혀(舌)·몸(身)·의식(意)의 육근(六根)에 빛과 소리·냄새·맛·감촉과 대상을 받아들이는[入] 과정이다.

촉(觸)

: 육입(六入)에 연하여 촉(觸)이 생기게 되는데, 접촉하는 것을 말한다. 이것은 단순히 접촉하는 현상이 아니라, 육근(六根)과 육경(六境)에 식(識)이 작동하는 것이다. 마치 컴퓨터에 클릭을 하는 것처럼 육근이 육경을 접촉하는 것이다.

수(受)

: 촉(觸)에 의하여 접속(接續)되면서 감수(感受)되는 것이 수(受)이다. 이 감수작용(感受作用)은 괴로움[苦]과 즐거움[樂] 그리고 괴로움도 즐거움도 아닌 느낌[捨]의 세 가지 종류로 나눈다. 육입(六入)이 서로 접촉하고 접속되어 감수되는 이것이 오온 가운데 수(受)이다.

애(愛)

: 수(受)에 연하여 애(愛)가 생기게 된다. 괴로움과 즐거움과 괴롭지도 즐겁지도 않은 느낌의 세 가지 느낌 중에서 분별하여 괴로움은 피하고 즐거움만 좋아하여 추구하는 것이다. 끝없이 추구하고 욕

망하는 애착 때문에 팔만 사천 번뇌가 생기는 것이다. 애(愛)를 갈구(渴求)하는 것이 욕망이며 갈애(渴愛)이다.

취(取)

: 애(愛)로 연하여 취(取)가 발생하게 되는데, 즐거움만 취하여 집착하는 것이 바로 취착(取着)이며 애착(愛着)하는 행위이다.

유(有)

: 취(取)에 연하여 유(有)가 일어나게 되는데, 이 유(有)라는 것은 존재라는 뜻이다. 모든 존재는 애착의 결과(結果)이며, 그 소산(所産)이다.

생(生)

: 유(有)에 연하여 생(生)이 일어난다. 생(生)은 말 그대로 태어난다, 생긴다는 뜻이다. 애착의 결과물이 생겨난 것을 생이라고 한다. 이렇게 생겨난 것은 계속하여 상호 관계 속에서 좋은 것만 취하고 애착하면서 또 다른 업을 지으며[行] 살아간다.

노(老)·사(死)·우(憂)·비(悲)·고(苦)·뇌(惱)

: 생(生)을 연하여 결국 늙어[老] 죽으면서[死] 걱정하고[憂] 슬퍼하며[悲] 고뇌(苦惱) 속에서 지내게 된다. 생으로 인히여 늙고 병들어 죽는 고통을 당하게 된다. 생겨난 것은 유정(有情)이든 무정(無情)이든

반드시 변하여 없어지기 마련이다. 유정이 태어나 변하여 사라지는 것을 생로병사라고 하고, 무정이 생겼다가 변하여 사라지는 것을 생주이멸(生住異滅)이라고 한다. 우리가 생(生)을 받은 것은 즐거움만 취하는 애착 때문에 생긴 것이다. 그러나 즐거움은 빛과 그림자처럼 반드시 괴로움을 동반하기 마련이다. 그렇기 때문에 새로운 애착이 생기면서 그것을 이루지 못하는 근심과 걱정, 슬픔의 괴로움이 생겨난다.

이와 같은 순서로 모든 존재가 현실에서 겪는 고통이 발생한다. 이러한 연기법의 법칙이 적용되는 모든 존재는 다음과 같은 특성이 있다.

첫째, 모든 것은 변한다[諸行無常].
둘째, 모든 존재는 실체적 자아가 없다[諸法無我].
셋째, 변하는 것은 모두 괴롭다[一切皆苦].

모든 것은 인연에 의해 화합(和合)하여 일시적으로 존재하면서 변해가는 것인데 거기에 집착하는 것이 모든 괴로움의 원인이 될 뿐이다. 그런 까닭으로 괴로움의 원인이 사라지면 모든 고통은 저절로 소멸된다. 모든 고통이 소멸한 열반의 세계가 적멸이며, 이를 열반적정(涅槃寂靜)이라고 한다는 뜻이다. 이 세 가지 특성은 어느 누구도 부정할 수 없는 '세 가지 진리'라는 뜻에서 삼법인(三法印)이라고 한다. 여기에 열반적정(涅槃寂靜)을 포함하여 사법인(四法印)이라고도 한다. 부처님 당시에 부처님의 가르침을 직접 받았던 성문(聲聞) 제자들은 바로 이러한 설법을 듣고 깨달음을 얻었다. 12연기는 우리의 삶이 어떻게 꼬이면서 고통을 받고 있는지, 그 꼬임을 어떻게 바르게 풀어 고통에서 벗어날 수 있는지를 설명하는 것이다. 연기의 법칙에 의해 존재하는 현상이 본래 공한 줄 확연히 밝게 비춰보아, 미혹의 무명이 사라지게 되면 거기에는 연기된 현상의 실체가 없는 줄 알게 된다. 실체가 없는 줄 깨달은 가운데 펼쳐지는 삶은 어떠한 것에도 구속되지 않는 자유로운 열반의 삶을 누리는 것이다.

공(空) 가운데는 '무명이 없고 무명이 다함도 없고 내지 나고 죽음도 없고 나고 죽음이 없음도 없다[無無明 亦無無明盡 乃至 無老死 亦無老死盡].'라는 것은 무명이 그대로 깨달음이요, 나고 죽음이 그대로 적멸인 삶으로 펼쳐진다. 이것이 바로 선문(禪門)에서 말하는 크게 죽은 사람이 다시 살아나는 경지이다.

●

조주(趙州) 스님이 투자(投子) 스님에게 물었다.

"크게 죽은 사람이 다시 살아날 때는[大死底人却活時] 어떠합니까?"

투자 스님이 대답했다.

"밤길을 가는 것이 아니라, 밝은 날에 간다[不許夜行 投明須到]."

●

한 번 크게 죽었다가 그 가운데 다시 살아난 사람은 어두움[無明] 속에서 미혹(迷惑)하지 않고, 밝은 대낮에 길을 가듯 아무 걸림 없이 당당하게 살아간다. 이것이 바로 진정한 자기 회복이며 부활의 삶이다. 일체 만법이 다 사라지고 모든 존재의 실상이 공(空)한 줄 사무쳐 깨달은 사람은 그 어디에도 얽매임 없이 자유자재한 밝은 삶을 살아간다. 번뇌가 곧 보리를 이루고 괴로움을 돌이켜 즐거움이 되며 죽음 가운데 삶이 있고 죽음이 삶과 둘이 아닌 것이다. 이것이 중도(中道)이다. 또한 이것이 쌍차쌍조(雙遮雙照)이다. 이렇게 삶이나 죽음 가운데 항상 자재하여 삶과 죽음이 둘이 아니며 밝음과 어두움이 서로 고요하고 서로 비치는 이것이 부처님과 조사의 바른 눈이다. 이것이 바로 오온(五蘊)이 모두 공(空)한 줄 조견(照見)하는 이의 삶이다.

미혹함이 없었으니 깨달음을 구할소냐.

아침 해는 몇 번이나 떴다가 저물었나.

형상 있는 몸 가운데 형상 없는 몸이 있고

무명번뇌 그 가운데 무생(無生)의 길이 있네.

不曾迷 莫求悟

任爾朝陽幾廻暮

有相身中無相身

無明路上無生路

허공처럼 텅 비어
거룩함도 없어라

무고집멸도
無苦集滅道

괴로움[苦]과 괴로움의 원인[集]과 괴로움이 사라진 적멸[滅]과 그 적멸에 이르는 길[道]도 없다.

보리수 아래에서 깨달음을 이룬 부처님께서는 12연기법을 사유하시며 해탈의 큰 즐거움을 누리셨다. 부처님은 이러한 명상의 시간을 보내시다가 이 미묘한 해탈의 즐거움을 함께 나누고자 자비심을 내어 다른 사람들도 해탈의 길로 인도하고자 결심하셨다.

그리하여 부처님께서는 당신이 깨달음을 이루신 부다가야의 보리수나무 밑에서 일어나 바라나시 근교의 녹야원(鹿野苑)으로 향하셨다. 거기에는 부처님과 함께 수행하던 다섯 사람의 수행자들이 있었기 때문이다. 석가모니 부처님께서는 녹야원에 가셔서 그 다섯 사람의 수행자들을 상대로 처음으로 법문을 하셨다.

부처님께서 설하시는 법문은 사람들의 근기(根機)에 맞추어 깨달음에 나아갈 수 있도록 때와 장소에 따라 다양한 방편을 제시하는 것이었다. 이것을 대기설법(對機說法) 또는 방편이라고 한다.

"비구들이여, 삶은 고통[苦]이다. 태어나는 것, 늙는 것, 병드는 것, 죽음이 모두 고통이니라. 사랑하는 사람과 헤어지는 것, 미운 사람과 만나는 것, 구하여도 얻지 못하는 것, 이 몸이 존재하는 것이 모두 고통이다.

그러면 이 고통의 원인은 무엇인가? 탐욕과 성냄과 어리석음의 세 가지가 끊임없이 쌓이고 쌓이면서[集] 모든 고통을 일으켰느니라.

이러한 번뇌가 고요해지고 모든 고통이 사라진 것을 적멸(寂滅), 즉 열반(涅槃)이라고 한다. 열반은 끓어오르는 애욕의 그물을 벗어나 고통을 여의고 영원한 기쁨에 안주하는 것이니라.

어떻게 하면 그와 같은 열반의 경지를 얻을 수 있는가? 그 방법은 올바른 견해[正見], 올바른 관찰[正思惟], 올바른 말[正語], 올바른 행위[正業], 올바른 생활방법[正命], 올바른 노력[正精進], 올바르게 알아차림[正念], 올바른 선정[正定]이다. 이와 같은 여덟 가지 바른 길[八正道]이 바로 열반을 얻는 방편이니라."

　석가모니 부처님께서는 녹야원에서 최초로 이렇게 법문을 하셨고, 그 설법을 들은 다섯 명의 비구가 깨달음을 얻었다. 이 초전법륜(初轉法輪)의 내용이 고(苦)·집(集)·멸(滅)·도(道)의 네 가지 진리, 즉 사성제(四聖諦)에 대한 가르침이다. 사성제 가운데 진리에 이르는 방법인 도성제(道聖諦)에 구체적인 실천법으로 여덟 가지 바른 수행법이 있는데 그것이 팔정도(八正道)이다. 부처님의 사성제 법문은 바로 연기법을 제대로 알고 바르게 수행할 수 있도록 그 방편을 제시하신 것이다. 보리수 아래에서 깨달음을 이루시고 삼매에서 일어나 사유하며 연기의 법을 관찰하시고 모든 고통의 원인을 알아 해탈을 이룬 부처님이 그 해탈의 길로 인도하신 방편의 가르침이 사성제이다. 세상의 모든 고통[苦]은 오온(五蘊)의 쌓임[集]으로 생기는 것이고, 고통을 벗어난 행복한 삶[滅]을 이루도록 수행하는 방법이 팔정도이다.

　우리가 수행하려면 이 여덟 가지 방법 가운데 가장 선행되어야 하는 것이 정견(正見)이다. 정견은 즉 바른 견해, 바른 눈뜸이다. 모든 존재의 실상이 공(空)함을 깨닫는 것이 정견이다. 그것은 마치 우리가 보배가 있는 곳을 찾으려면 반드시 먼저 눈을 떠야만 제대로 길을 갈 수 있는 것처럼 진리의 길을 가려면 필수적으로 정견을 제일 먼저 갖추어야 한다. 그래서 팔정도 가운데서도 그 첫 번째가 정견이다. 왜냐하면 이 세상 모든 존재가 얽히고설키면서 연기하는 현상의 그 실상이 공함을 바로 보아야만[正見] 올바른 수행을 하게 되고 모든 고통의 얽매임으로부터 벗어나 적멸에 이를 수 있기 때문이다.

그 다음으로 바른 생각인 정사유(正思惟)는 연기의 이치를 깊이 바로 살피는 것이다. 부처님도 깨달음을 이루신 후에 연기의 이치를 깊이 사유하시어 모든 고통을 벗어나 해탈하신 기쁨을 누리셨다고 하였다. 연기(緣起)의 바른 관찰을 통해 바른 말[正語]을 하게 되고 바른 행동[正業]을 하게 된다.

바른 관찰[正思惟]은 의업(意業)을 청정케 하고, 바른 말[正語]은 구업(口業)을 맑히고, 바른 행동[正業]으로 신업(身業)을 청정히 하여 삼업을 맑게 하는 것이다. 삼업을 맑게 하여야 바른 방법으로 삶을 살게[正命] 된다.

이런 바른 방법의 삶을 빈틈없이 꾸준히 지속하는 것이 바른 정진, 즉 정정진(正精進)이다. 이러한 바른 정진 속에 모든 것을 바르게 알아채며 찰나찰나 생각생각이 성성(惺惺)하게 늘 깨어 있는 마음이 정념(正念)이다. 그렇게 성성하게 깨어 있으면서도 적적(寂寂)함이 바른 선정, 즉 정정(正定)이다.

이러한 팔정도는 바로 계(戒)·정(定)·혜(慧)의 삼학도(三學道)로 요약할 수 있다. 바른 생각[正思惟]으로 바른 말[正語]과 바른 행동[正業]

으로 올바른 삶을 사는 것[正命]은 계율이 되고, 바른 정진[正精進]과 바른 알아차림[正念], 바른 선정[正定]은 선정(禪定)이 되고, 바른 견해[正見]와 바른 생각[正思惟]과 바른 알아차림[正念]은 지혜(智慧)가 된다.

계(戒)는 튼튼한 그릇과 같고, 정(定)은 그릇 속의 물이 고요해지는 것과 같고, 혜(慧)는 맑고 고요한 물에 밝은 달이 비치는 것과 같다고 했다. 그런 까닭으로 '계(戒)의 그릇이 튼튼해야 선정(禪定)의 물이 고요하고, 선정의 물이 맑고 고요해야 밝은 지혜(智慧)의 달이 나타나게 된다.'라고 하였다. 계·정·혜는 마치 서로 의존하는 삼각대와 같아서 그 가운데 하나만 빠져도 성립되지 않는다. 하나를 나머지 둘이 받치고, 다시 둘이 하나를 받치는 관계인 것이다.

그와 같이 팔정도는 여덟 개의 수레바퀴살과 같아서 하나만 빠져도 제대로 굴러갈 수가 없다. 여덟 개의 바퀴살이 튼튼할 때 수레가 잘 굴러가듯, 진리의 길을 가는 수레도 이 팔정도를 두루 갖추어야 한다. 그래서 진리의 수레바퀴를 상징하는 법륜(法輪)은 여덟 개의 바퀴살로 이루어져 있다.

우리가 강을 건너 이 언덕에서 저 언덕으로 넘어가려면 나룻배나 뗏목을 타야 하듯이, 부처님이 설하신 고·집·멸·도의 사성제는 중생을 저 열반의 언덕으로 실어가기 위한 방편이다. 강을 건너 저 언덕에 도달하고 나면 나룻배나 뗏목을 버리듯이, 모든 것이 공함을 깨달아 자유자재를 얻고 나면 그 공(空) 가운데 방편인 고집멸도도 없는 것이다[空中 無苦集滅道].

●

　인도의 어느 마을에 한 억만장자가 살고 있었다. 그는 넓고 큰 저택에 살고 있었는데 낡아서 폐가처럼 되었다. 새가 집을 짓고 뱀도 우글거리고 있었다. 그 큰 저택에 무슨 까닭인지 출입구는 오직 하나뿐이었다. 어느 날 장자가 장사하러 나갔다가 돌아보니 불이 나서 집이 불타고 있었다. 장자의 사랑하는 아이들은 불이 난 줄도 모르고 집안에서 놀이하는 데만 정신이 팔려 있었다. 아직 어린 아이들은 자신에게 닥쳐오는 위험을 깨닫지 못하고 있었다.
　아버지인 장자의 마음은 초조하고 안타까웠다. "위험하니 빨리 밖으로 나오라."고 밖에서 아무리 큰소리로 외쳐도 아이들은 아버지의 말을 듣지 않았다. 아이들은 불이 났다는 것이 무엇이며, 불이 집을 태운다고 하는데 집이 무엇인지, 또 불에 타서 죽는 게 어떠한 것인지를 전혀 알지 못했다. 넓은 집안에서 아무런 위험도 모르고 천진하게 이리저리 뛰고 놀면서 문밖의 아버지를 가끔 쳐다보기만 할 뿐이었다.
　아버지는 어떻게 해서라도 아이들을 구해야겠다고 생각하였다. 아이들이 평소에 갖고 싶어하는 것이 무엇이었는지 생각해 보았다. 마침내 아버지는 "얘들아! 너희들이 항상 바라던 양(羊)이 끄는 수레, 사슴[鹿]이 끄는 수레, 소[牛]가 끄는 수레가 여기 문밖에 있으니 빨리 밖으로 나와라." 하고 소리쳤다. 양이 끄는 수레와 사슴이 끄는 수레와 소가 끄는 수레는 모두 아이들이 평소에 갖고 싶어 하던 것이었다.

아이들은 아버지의 말을 듣고는 손에 들고 놀던 장난감을 다 내던지고 앞을 다투어 뛰어나왔다. 오직 하나뿐인 좁은 대문을 통해 무사히 모두 밖으로 나왔다. 그러나 거기에는 아버지가 말한 양의 수레, 사슴의 수레, 소의 수레는 그림자도 없었다. 아버지는 아이들이 무사한 모습을 보고 안도의 숨을 쉬었지만, 아이들은 화가 나서 "아버지가 거짓말을 하셨다."며 항의했다. 그러자 아버지는 약속한 양이나 사슴, 소가 끄는 수레보다 더 크고 훌륭하며 빠르고 힘센 흰 소[白牛]가 끄는 수레를 아이들에게 전부 나눠 주었다. 그러자 아이들이 모두 만족하였다.

●

이것이 『법화경』에 나오는 그 유명한 삼계화택(三界火宅)의 비유이다. 불난 집[火宅]은 삼계(三界), 즉 사바세계를, 아이들은 중생을, 장자는 부처님을 비유한 것이다. 양이 끌고 사슴이 끌고 소가 끄는 이 세 가지 수레는 각각 부처님 설법을 듣고 깨달은 성문승(聲聞乘)과 12연기의 법칙을 깨달은 연각승(緣覺乘)과 바라밀을 실천하는 보살승(菩薩乘)이 타는 세 가지 수레를 비유한 것이다. '아주 힘센 하얀 소가 끄는 수레[大力白牛車]'는 하나의 부처님 수레[一佛乘]를 비유한 것이다. 반야바라밀은 삼세 모든 부처님이 의지하여 무상(無上)의 정각(正覺)을 얻는 것으로, 모든 부처님의 어머니가 되는 것이다. 『법화경』에서 부처님은 중생을 교화하는 방편인 삼승(三乘)

을 하나의 일불승(一佛乘)으로 거둔다고 설하셨다.

●

중국 양(梁)나라 무제(武帝)는 불법을 위해 공덕을 많이 쌓아서 불심천자(佛心天子)로 널리 알려졌다. 후에 선종의 초조가 된 달마(達磨) 대사의 명성을 들은 황제는 대사를 궁중으로 초청하였다. 황제는 대사에게 인도에서 오시면서 경전이나 불사리를 얼마나 모셔 왔는지 물었다. 그러나 대사는 "아무 것도 가져오지 않았습니다."라고 대답하였다.

평소에 불심이 깊어 공덕을 많이 쌓은 황제는 다시 물었다.

"나는 많은 절을 짓고 경전도 널리 펴고 스님들께 공양도 많이 올렸는데 그 공덕이 얼마나 되겠습니까?"

달마 대사가 대답하였다.

"아무 공덕도 없습니다(所無功德)."

황제는 내심 마음이 상했지만 내색하지 않고 다시 물었다.

"어떠한 것이 성제제일의(聖諦第一義)입니까?"

성제(聖諦)는 거룩한 진리를 말한다. 제일의(第一義)는 이보다 더 높은 것이 없는 제일가는 뜻이다. 간단히 말해서, 성제제일의(聖諦第一義)는 사성제의 핵심, 불법의 극치, 불법의 진수, 가장 거룩한 진리라고 할 수 있다. 달마 대사가 대답하였다.

"허공처럼 텅 비어 거룩함도 없습니다[廓然無聖]."

●

중국의 복주 고령사(高靈寺)에 신찬(神贊)이라는 스님이 있었다. 처음 출가하여 계현(戒賢) 스님을 은사로 모시고 있었는데 은사스님은 늘 경전만 읽고 참선은 하지 않았다. 그래서 신찬은 진리를 깨친 선지식(善知識) 스님을 찾아 행각을 하고 다니다가 백장(百丈) 화상을 만나 도를 깨달았다. 그 뒤 본사로 돌아오니 은사스님이 물었다.

"그대는 내 곁을 떠나 그 동안 무엇을 공부하였느냐?"

"아무 것도 익히지 않았습니다."

신찬은 절의 일을 돌보며 지냈다. 어느 날 은사스님이 목욕을 하다가 신찬에게 등을 좀 밀어 달라고 하였다. 신찬이 은사스님의 등을 밀면서 보니 연세가 들었어도 몸은 건강하고 깨끗하였다. 신찬은 혼잣말로 중얼거렸다.

"법당은 좋은데 부처가 영험이 없구나."

이런 이상한 말을 듣고 은사스님이 고개를 돌리니 신찬이 또 중얼거렸다.

"부처가 영험은 없어도 광명은 놓을 줄 아는구나."

하루는 은사스님이 창밑에서 『법화경』을 읽고 있는 모습을 보았다. 신찬이 보니 은사스님은 『법화경』의 깊은 뜻을 모르고 읽는 것 같았다. 신찬은 혼잣말로 또 중얼거렸다.

"마음이 미혹하면 『법화경』이 나를 읽게 되고, 마음을 깨달으면 내가 『법화경』을 읽게 된다[心迷法華轉 心悟轉法華]."

은사스님은 신찬이 하는 말은 들었지만 그 뜻을 몰라 멍하니 바라보았다. 그때 마침 방에 벌이 한 마리 들어왔는데 열린 문틈으로 나가지 못하고 계속 창호지에만 부딪히면서 왱왱거리고 있었다. 그것을 본 신찬이 게송으로 읊었다.

　　열려 있는 문으로 나가려 하지 않고
　　창문만 두드리니 어리석기 짝이 없네.
　　백 년 동안 옛 종이를 뚫어져라 바라본들
　　어느 때 생사를 벗어날 수 있으리오.
　　空門不肯出
　　投窓也大痴
　　百年鑽古紙
　　何日出頭期

　　경전을 보면서 진정한 반야(般若)인 공문(空門)의 미묘한 뜻을 깨닫지 못하고 종이 위의 글자만 더듬고 있다가는 생사윤회를 벗어날 수 없다는 말이다. 은사스님은 신찬이 지난번에 등을 밀면서 하던 말과 그리고 지금 하는 말을 가만히 생각해 보니, 예사롭지 않은 느낌이 들어서 물었다.
　　"너는 밖에 나가 다니면서 누구를 만났느냐. 내가 들은 말이 예사롭지 않구나."

"저는 백장 화상을 만나 가르침을 받고 문자에 얽매이지 않는 법을 알았습니다."

그러자 은사스님은 제자인 신찬에게 법문을 청하였다. 신찬은 백장 선사가 즐겨 읊던 게송을 소리 높여 말했다.

신령스런 광명이 홀로 드러나
이 몸과 티끌 세상 벗어났구나.
바탕이 변함없는 참모습이여!
언어나 문자에 걸리지 않네.
참다운 성품은 물듦이 없어
본래부터 저절로 원만하여라.
거짓된 인연을 여의게 되면
그대로 한결같은 부처님이네.

靈光獨露

逈脫根塵

體露眞相

不拘文字

眞性無染

本自圓成

但離妄緣

卽如如佛

지혜로운 가난은
세상을 얻는다

무지 역무득

無智 亦無得

지혜도 없고 또한 얻음도 없다.

일반적으로 사람들은 '지혜'라고 하면 어떤 대상이나 내용 또는 실체가 있는 것으로 여긴다. 그러나 지혜를 고정된 실체가 있는 것으로 안다면 그것은 큰 잘못이다. 그리고 지혜를 통하여 무엇인가 얻을 것이 있다고 여기는 것도 큰 잘못이다. 왜냐하면 모든 것이 본래 공한 그 자리는 따로 지혜라는 것이 없으며, 또한 그 어느 것도 얻을 것이 없기 때문이다. 『반야심경』은 지혜의 가르침이다. 지금까지 모든 존재의 실체가 공함을 설하여 우리의 의식이나 물질의 바탕이 연기에 의해 존재하는 것일 뿐이므로, 오온이나 십팔계도 없고 12연기도 없고 사성제도 없다는 이치를 설명하였다.

이것은 우리가 정해진 틀에 갇히거나 얽매여 살지 말고 모든 집착을 벗어 놓고 우리의 삶을 자유자재하게 펼치며 살아야 한다는 것이다. 우리의 관념은 우리가 오랫동안 익혀온 업습(業習)에 의한 것으로 고정 불변하는 것이 아니다. 그렇기 때문에 우리의 삶은 마음먹기에 따라 얼마든지 거듭 새롭게 태어날 수 있다. 모든 것이 공한 줄 체득하여 관자재(觀自在)의 삶을 살아가는 사람은 그 어디에도 걸림 없는 자유자재한 연기를 실천하게 된다.

이 세상의 존재하는 모든 것은 실체가 없어 모두 공할 뿐이니, 거기에는 모든 상대가 사라져 그 어떤 시비분별도 없다. 만법(萬法)이 하나로 돌아가니 능(能)과 소(所)가 없고 주(主)와 객(客)이 없고 너와 내가 없으며 어리석음도 없고 지혜도 없고 잃을 것도 없고 얻을 것도 없다. 모든 일에 얽매이지 않고 무심히 인연 따라 살아 갈 뿐이다. 목마르면 물 마시고 배고프면 밥 먹고 졸리면 잠자는 것이다.

그 무엇에도 얽매이지 않는 무위진인(無位眞人)은 가는 곳마다 주인이다. 수연방광(隨緣放曠)! 모든 것을 인연 따라 거침없이 살아갈 뿐이다. 언제 어디서나 하염없는 진리의 삶을 살아가니 생각생각이 보리심이요, 처처(處處)가 안락국이다. 모든 법을 두루 비추어 보아 요달(了達)하는 것을 지혜라고 말하지만, 자기 성품이 본래 공(空)한데 거기에 지혜조차 발붙일 곳이 있겠는가[無智]. 모든 법이 텅 비어 실로 한 법도 없어서 거기에는 잃을 것도 없으며 얻을 것도 없으니 '또한 얻는 것도 없다[亦無得].'라고 하였다.

지난해의 가난은 가난이 아니라
올해의 가난이 참으로 가난이다.
지난해는 송곳 꽂을 자리도 없더니
올해는 그나마 송곳조차 없어졌네.
去年窮 未是窮
今年窮 始是窮
去年窮 無卓錐之地
今年窮 錐也無

길이 끝나는 곳에
고향이 있다

이무소득고 보리살타 의반야바라밀다 고심무가애 무가애고
以無所得故 菩提薩埵 依般若波羅蜜多 故心無罣礙 無罣礙故

무유공포 원리전도몽상 구경열반
無有恐怖 遠離顚倒夢想 究竟涅槃

얻을 바가 없으므로 보리살타는 반야바라밀다에 의하여 마음에 걸림이 없어지고 걸림이 없으므로 두려움이 없어지고 뒤바뀐 생각을 멀리 여의게 되어 마침내 열반에 이르게 되느니라.

보살은 대승불교에서 가장 이상적인 인간상이다. 보살은 보리살타(菩提薩埵, bodhisattva)의 준말이다. 보리(菩提, bodhi)는 깨달음(覺)의 뜻이며, 살타(薩埵, sattva)는 중생 또는 유정(有情)의 뜻이니, 각유정(覺有情)으로 번역한다. 보살은 깨달은 중생, 깨달은 사람, 깨달으신 분을 말한다. 그리고 중생을 깨우쳐주는 분, 유정(有情)들을 깨닫게 해주는 분이라는 뜻이기도 하다.

부처님이 입멸한 후 100년이 지나자 계율에 대한 해석을 놓고 전통적 보수파인 상좌부(上座部)와 진보적 자유파인 대중부(大衆部)가 대립하여 두 개의 부파로 갈라졌다. 크게 둘로 갈라진 부파는 계속 분열되어 기원을 전후하는 시기에는 각각 18~20개 정도의 부파를 형성하였다. 부파불교는 승원(僧院)의 출가자를 중심으로 한 학문 불교로 변화하고 대중성을 잃어가고 있었다. 이리하여 불교 본래의 모습으로 복귀하려는 진보적 입장인 대중부와 재가불자들이 중심이 된 새로운 불교 운동이 일어났는데 이를 대승불교(大乘佛敎)라고 한다. 대승(大乘)은 많은 사람을 태우는 큰 수레라는 뜻으로, 일체 중생의 제도를 그 목표로 하였다. 대승이란 말은 자기중심적으로 수행하던 기존의 부파불교를 소승(小乘)이라고 하면서 대칭하여 표현한 말이다.

대승불교는 자기의 구제인 자리(自利)와 동시에 대중의 구원인 이타(利他)를 지향하는 '보살'이라는 새로운 이상형의 인간상을 제시하였다. 보살은 자신만이 깨달음에 이르는 것이 아니라 남도 함께 깨달음을 얻을 수 있게 하는 자리이타의 보살도를 지향하는 것이다.

대승의 보살은 서원(誓願)에 의해 태어난다. 서원은 보살이 추구하는 삶의 목표이자 원동력이다. 보살은 위로 불도를 구하는 상구보리(上求菩提)와 아래로 중생을 구제하는 하화중생(下化衆生)을 서로 별개로 보지 않는다. 중생 구제는 깨달음을 중생 속에서 실천하는 것이며, 그것은 바로 발심할 때 세운 서원의 실현이다.

보살의 서원에는 아미타 부처님의 전신인 법장보살(法藏菩薩)의 48대원(大願)이나 보현보살(普賢菩薩)의 10대행원(大行願) 등과 같은 별원(別願)과, 모든 보살의 보편적인 서원이 있다. 대승보살의 보편적인 서원은 네 가지의 큰 서원, 즉 사홍서원(四弘誓願)이다. 사홍서원은 다음과 같다.

중생을 다 건지오리다.
번뇌를 다 끊으오리다.
법문을 다 배우오리다.
불도를 다 이루오리다.
衆生無邊誓願度
煩惱無盡誓願斷
法門無量誓願學
佛道無上誓願成

보살의 서원은 진리에 근거하여 남을 이롭게 하고자 하는 것이며, 그것은 바로 깨달음을 실천하는 이타행인 것이다. 이 네 가지의 서원은 바로 네 가지 진리인 사성제의 실천을 통해 이루어진다.

고(苦)에 대한 서원은 고통 받는 중생을 다 건지는 것이다.
집(集)에 대한 서원은 고통의 원인인 번뇌를 다 끊는 것이다.
멸(滅)에 대한 서원은 모두가 다 불도를 이루는 것이다.
도(道)에 대한 서원은 진리에 들어가는 길, 진리에 들어가는 문, 즉 법문을 다 배우는 것이다.

큰 수레와 같은 대승을 추동하는 것은 서원의 힘이다. 소승은 이 세상이 고통인 줄 알고 그 벗어나는 길을 알아서, 참고 견디며 살아야 하는 사바를 떠나 혼자 작은 배를 타고 작은 낙원의 섬에 도달하여 사는 것과 같다. 일체 중생을 다 실어 나르겠다는 대승 보살의 서원은 일체 중생이 반야선(般若船)을 타고 고해를 건너 피안의 대륙인 열반의 세계로 가는 것이다. 자리이타의 삶을 서원한 보살은 열반으로 건너가는 도중에 작은 낙원의 섬에 살고 있는 소승인(小乘人)들도 모두 한 배에 싣고 가야 그 서원이 다 이루어진다. 이것이 구경열반(究竟涅槃)이다.
큰 원을 세우고 반야바라밀다에 의지하여 수행하는 보살은 얻는 바가 없기 때문에 마음에 아무 걸림이 없다. 아무 걸림이 없기 때문에 그 어떤 두려움도 없으며 전도(顚倒)된 꿈같은 생각을 멀리 여의고 구경의 열반을 살아가는 것이다. 그것은 반야바라밀을 수행하여 모든 존재의 실체가 공한 줄 깨달아 아무 얻을 바가 없는 무소득(無所得)이기 때문이다[以無所得故].

무소득은 소득이 없다는 말이다. 소득은 능득(能得)의 상대적인 개념이다. 능(能)은 주(主)이고 소(所)는 객(客)이다. 얻는 주체가 능이라면, 얻어지는 대상이 소득(所得)이다. 모든 것[諸法]은 상호 의존하는 인연 따라 존재하는 것으로 실체가 없는 공한 것이다. 이 공(空)을 바탕으로 존재하는 모든 법은 생기는 것도 사라지는 것도 아니며[不生不滅] 더러움도 깨끗함도 아니며[不垢不淨] 늘어남도 줄어듦도 아닌 것[不增不減]이다. 공에는 모든 상대(相對)가 사라지니 주(主)와 객(客)이 없고 앞뒤가 없으며 좌우가 없고 안팎이 없고 나[我相]와 너[人相]가 없으며 능(能)과 소(所)가 없고 유(有)와 무(無)가 없으며 득(得)과 실(失)이 없다.

그런 까닭으로 공을 바탕으로 상호 연기하여 존재하는 것은 주(主)는 주가 아니고 객(客)은 객이 아니며, 나는 내가 아니고 너는 네가 아니며, 능(能)은 능이 아니고 소(所)는 소가 아니며, 득(得)은 득이 아니고 실(失)은 실이 아니다.

얻을 것이 없으니 잃을 것 없고, 잃을 바가 없으니 얻을 바 없다. 모든 존재의 연기하는 바탕[體]이 공(空)이며 이 공의 용(用)이 바로 연기인 줄 깨달은 사람의 삶은 그 어디에도 얽매임 없는 사람이다. 내가 없고 네가 없으며, 나는 내가 아니고 너는 네가 아니니, 너는 바로 나이고 나는 바로 너이다.

모든 분별을 내어 서로 대비(對比)가 되는 것이 상대(相對)이다. 이 상대되는 것을 바로 상(相)이라고 한다. 상(相)이란 '티'를 내는 것이며 '척' 하는 것이다. '티'는 겉으로 드러나는 것이다. 촌스런 티, 귀한 티, 점잖은 티, 어린 티, 늙은 티, 젊은 티 등이다. '척'은 일부러 하는 짓이다. 잘난 척, 못난 척, 어리석은 척, 똑똑한 척, 아는 척, 모르는 척, 알아도 모르는 척, 몰라도 아는 척 등이다.

이러한 분별의 티가 나지 않는 것이 바로 상(相)이 없는 것이다. 티가 나면 분별이 생기는 것이니 '나'라는 티가 나는 것을 아상(我相)이라고 하며, 너라는 티를 내면 인상(人相) 또는 법상(法相)이라고 하며, 미혹한 못난 티가 나면 중생상(衆生相)이라고 하고, 나고 죽는 티를 수자상(壽者相)이라고 한다.

그래서 『금강경』에 "만약 아상·인상·중생상·수자상이 없으면 보살이라고 하며, 만약 아상·인상·중생상·수자상이 있으면 보살이 아니다[若無我相人相衆生相壽者相卽是菩薩 若有我相人相衆生相壽者相卽非菩薩]."라고 하였다.

이렇게 아무 상이 없는 보살은 상대를 짓는 티가 나지 않는다. '너'다 '나'다 하는 분별을 내지 않고, 집착하지 않는 것을 무주상(無住相)이라고 한다. 무엇을 주고받으면서도 주었다거나 받았다는 집착이 없는 보시를 무주상 보시라고 한다.

보살은 이것이니 저것이니 하는 분별의 상을 나누지 않고 동체대비(同體大悲)의 삶을 사는 분이다. 오른손에 들고 있는 물건이 무거우면 왼손이 함께 드는 것이다. 왼손이 오른손을 도와준다는 생각 없이 그냥 함께 드는 것이다. 서로 따로따로가 아니고 별개가 아닌 하나인 것이다. 왼손도 오른손에게 고맙다는 생각이 없다. 발이 가려우니 손으로 긁어주면서 생색내지도 않는다. 배가 아픈데 약통을 둔 곳에 손이 닿지 않으면 발이 그곳으로 몇 걸음 옮겨가면서 서로 흥정하지 않는다. 배가 아프니 눈을 뜨고 약이 있는 곳을 찾고 발로 걸어가 손으로 집어 입으로 삼키는 것이 바로 무주상의 삶이다. 아픈 배와 감은 눈과 발과 손과 입이 서로 돕는다는 티를 내지 않고 그냥 함께 하는 그것이 무주상(無住相)이다.

함께 아파하는 마음, 그것이 동체대비(同體大悲)이다. 그래서 유마(維摩) 거사는 "중생이 아프니 나도 아프다."라고 하였다. '왼손이 하는 것을 오른손이 모르게 하라.'는 것은 안 한 척하라는 것이다. 왼손이니 오른손이니 하는 분별을 내지 않고, 한 몸이 되어서[同體] 서로 티내지 않고 서로 의존하는 연기의 삶을 사는 것이 보살이다.

우리 몸의 심장, 위장, 간장 등 오장육부와 근육과 골격, 혈액순환이 양호하여 피부에 윤기가 흐르다가 가시에 찔리거나 무슨 요소가 결핍되면 살갗에 티눈이 생긴다. 문제가 생긴 것이다. 티눈이 생겨 흐름이 막힌 것이다. 티가 생기면 이것을 '동티'라고 한다. 건드리지 않아야 될 것을 건드려서 재앙을 불러오는 것이 바로 동티이다.

　상(相)이 생기고 상대가 생기는 것이 동티이다. 온갖 상이 생기면 중생이라고 한다. 우리 중생은 동티 덩어리 곧 일체개고(一切皆苦)이다. 티눈이 생기면 흐름이 막혀 멈추게 되고, 그 자리에 흐름이 맴돌면서 티눈이 점점 자라게 된다. 이것이 집착이다. 그러한 멈춤을 주(住)라고 한다.

　보살의 삶은 모든 존재가 본래 공한 줄 깨달아 상이 없으니 마음이 그 어디에도 집착함이 없고 그 어느 것에도 멈추는 것[住] 없는 걸림 없는 삶이다[故心無罣礙]. 보살은 끝없이 연기되는 존재들의 티[相]가 실재하는 것이 아니라는 공의 이치를 깨달아 중도의 삶을 실천하는 것이다.

　철저히 연기의 공성(空性)을 깨달아 능(能)이 공하고 소(所)가 공하니 능소(能所)가 공하고, 능소가 공하니 능소의 분별이 사라진 보살은 그 어디에도 집착하여 멈추는 마음이 없다.

　육조 혜능 대사는 『금강경』의 "머무는 바 없이 응하면서 그 마음을 낸다[應無所住而生其心]."라는 구절을 듣고 중도(中道)를 깨달았다. 머무는 바[所]가 없는 것은 그 마음에 능(能)이 없기 때문이다. 능(能)도 소(所)도 없기 때문에 어디에도 걸림이 없고 걸림 없이 살게 되는 것이다.

　집착하는 바 없고 머무는 바 없이 응한다는 것은 그것을 물리적으로 버린다거나 떠난다는 것이 아니다. 응무소주(應無所住)는 사물을 있는 그대로 두고 이 현상이 연기임을 알고 대응(對應)하는 것이다. 바라보는 주관인 능(能)을 비우면 소(所)는 저절로 사라진다. 가지고 있는 것을 없애버리고 알거지가 된다고 무소유가 되는 것이 아니다. 대상을 있는 바[所有] 그대로 두고 그것을 바라보는 마음[能]을 비워야 진정한 '무소유(無所有)'가 되는 것이다.

모든 대상이 있는 바 없고[無所有] 집착할 바 없으며[無所住] 얻을 바 없는 것이니[無所得], 이처럼 마음에 능소가 없고 주관과 대상이 사라지면 어떤 사물을 대하더라도 아무런 걸림이 없게 되고 걸림이 없기에 그 어떤 두려움도 없게 된다[無罣礙故 無有恐怖]. 이 세상의 모든 현상은 실체가 없이 연기되어 나타난 것으로 꿈 같고 허깨비 같고 물거품 같고 그림자 같은 줄을 깨닫게 되어[一切有爲法 如夢幻泡影] 집착했던 그릇된 생각을 멀리 여의게 된다[遠離顚倒夢想].

모든 중생은 전도된 생각을 일으켜서 모든 것이 덧없음에도 항상(恒常)한 것으로 잘못 생각하여 집착하다가 종내에는 괴로워하게 되고, 오욕의 즐거움을 구하다가 도리어 괴로움만을 더하고, 무아임에도 내가 있는 줄로 착각하고, 부정(不淨)한 것을 청정(淸淨)한 것으로 알면서 살아가니, 이것이 전도된 몽상이다.

반야바라밀을 수행하는 사람은 모든 현상이 상호의존하면서 연기하는 공의 이치를 깨달아 본래 오고 감이 없는 줄 알며, 나고 죽음이 없음을 깨달아 그런 삶을 실천하여, 나고 죽음의 굴레를 벗어나게 되는 것이다.

'나'는 '너'라는 상호의존의 관계 속에 존재한다. 서로 의존하지 않으면 아무런 의미가 없는 것이며, 상호의존하여 존재하는 것은 실체가 없으므로, 나라는 것은 '무아(無我)의 나'이다. 본래 '나'가 없으니 '너'가 없어지고, 너와 나는 하나이니 '너는 또 다른 나'이면서 '나는 또 다른 너'인 삶을 살게 되는 것이다.

이런 관계 속에서 나의 정화(淨化)는 모든 이의 정화와 함께 이루어져야 하고, 나의 해탈은 모두의 해탈을 통해 이루어야 하고 나의 열반은 모든 이가 열반에 이르러야 이루어지는 것이다. 그래서 우리는 작은 공덕을 쌓거나 기도를 할 적에 항상 다음과 같은 원을 세운다.

원하옵나니,
이 공덕이 모두에게 두루 미치어
나와 모든 생명이
모두 깨달음을 이루어지이다.
願以此功德
普及於一切
我等與衆生
皆共成佛道

능과 소가 없으니 무슨 일을 하여도 하는 바가 없어서, 태어나도 태어난 바 없고, 죽어도 죽는 바 없으며, 늘어나도 늘어난 바 없고, 줄어도 줄어든 바 없으며, 가져도 가지는 바 없고, 버려도 버리는 바 없고, 주어도 주는 바 없고, 받아도 받는 바 없다. 무엇을 잃어도 잃는 바 없고, 얻어도 얻는 바 없으며, 중생을 건져도 건지는 바 없이 건지면서, 나고 죽는 괴로움 가운데 너와 내가 모두 즐거움을 누리게 되니, 이처럼 전도된 몽상을 벗어난 삶이 열반이다. 열반의 삶이란 허깨비 같은 꿈에서 깨어나 살아가는 것이다.

모든 것이 텅 빈 공(空)은 시간도 공간도 초월했으니, 시작도 없고 끝도 없는 무시무종(無始無終)이다. 시작도 끝도 없으니 시작이 시작 아니고 끝이 끝 아니며, 끝이 바로 시작이고 시작이 바로 끝이니 그 언제나 시작이요 그 어디에나 끝이며 그 언제나 끝이며 그 어디에나 시작이다.

내가 지금 서 있는 바로 이 자리가 중도(中道)이며 구경(究竟)인 것이다. 연기로 펼쳐진 시간과 공간 속에 얽매이고 갇혀서 전도된 고통의 악몽에 시달리며 살다가 활연히 깨닫고 난 보살은 모든 두려움이 사라지고 탁 트인 허공처럼 아무 걸림이 없이 살게 되니, 이것이 구경의 열반이다.

허공계가 다하고 중생계가 다하도록 이 서원이 다하지 않고 반야바라밀을 실천하는 것이 '보리살타'이다. 또한 지금의 이 자리를 영원토록 철저하게 살아가는 것이 '마하반야바라밀' 수행자의 삶이다.

배울 것도 없고 할 일도 없는 한가한 도인은
망상을 버리지도 않고, 진심을 구하지도 않네.
무명의 참 성품이 그대로 부처님 성품이며
환영 같은 빈 몸뚱이 그대로 법신이네.

絶學無爲閑道人

不除妄想不求眞

無明實性卽佛性

幻化空身卽法身

반야는 모든 부처님의 어머니

삼세제불 의반야바라밀다 고득아뇩다라삼먁삼보리
三世諸佛 依般若波羅蜜多 故得阿耨多羅三邈三菩提

과거·현재·미래의 모든 부처님도 반야바라밀다에 의하여 최상의 바른 깨달음을 얻게 되느니라.

삼세는 과거·현재·미래를 말한다. 기나긴 시간을 겁(劫)이라고 하는데, 현재의 기나긴 세월인 대겁(大劫)을 현겁(現劫), 미래의 대겁을 성수겁(星宿劫), 과거의 대겁을 장엄겁(莊嚴劫)이라고 한다. 과거 장엄겁에 천 분의 부처님이 세상에 나타나셨고 현재의 현겁과 미래의 성수겁에도 각각 천 분의 부처님이 세상에 나타나실 것이라고 한다. 천 분의 부처님이 세상에 나타나시는 현겁에서 석가모니 부처님은 네 번째로 이 세상에 오신 부처님이다. 석가모니 부처님이 입멸한 뒤 56억 7천만 년이 지난 다음에 미륵부처님이 출현할 것이다. 미륵부처님 다음에도 계속하여 부처님이 오셔서 모두 천 분의 부처님이 오시게 된다. 미래의 성수겁에도 천 분의 부처님이 오실 것이다. 이렇게 과거·현재·미래에 나타나실 부처님을 삼세제불(三世諸佛)이라고 한다.

현겁의 부처님이신 석가모니불(釋迦牟尼佛)과 가섭불(迦葉佛), 구나함모니불(拘那含牟尼佛), 구류손불(拘留孫佛)의 네 분 부처님과 그리고 과거 장엄겁의 천 분 부처님 가운데 마지막 부처님인 비사부불(毘舍浮佛), 시기불(尸棄佛), 비바시불(毘婆尸佛)의 세 분 부처님을 합하여 보통 과거의 칠불(七佛)이라고 부른다. 과거세의 일곱 분 부처님이 공통으로 가르친 가르침이 있다. 그것을 칠불통게(七佛通偈) 또는 칠불통계(七佛通戒)라고 한다.

모든 악을 짓지 말고
온갖 선을 받들어 행하며
스스로 그 뜻을 깨끗이 하라.
이것이 모든 부처님의 가르침이다.
諸惡莫作
衆善奉行

自淨其意
是諸佛敎

　현재의 대겁인 현겁에 이미 출세한 부처님을 과거불에 포함시키는 것은 현겁에서도 과거·현재·미래가 있기 때문이다. 이와 같이 과거도 과거의 과거·과거의 현재·과거의 미래로 나눌 수 있고, 현재도 현재의 과거·현재의 현재·현재의 미래로 나눌 수 있고, 미래도 미래의 과거·미래의 현재·미래의 미래로 나눌 수 있다. 이렇게 삼세를 다시 삼세로 나누어 그것을 모두 합하여 구세(九世)라고 한다.

　시간이란 본래 실체가 없는 것이다. 우리들 인식의 산물이다. 시간의 속도는 사람마다 다르다. 오늘날은 전자시계가 발명되어 한 치의 빈틈도 없이 시간을 측정하는데도 우리가 느끼는 시간이 전혀 객관적이지 않을 때가 있다. 서로 사랑하는 두 연인이 함께 있는 즐거운 시간은 찰나처럼 지나가지만, 고통스런 시간은 무척 느리게 흐른다. 학생들이 재미있는 영화를 볼 때나 컴퓨터 게임을 할 때는 시간이 매우 빨리 흐른다. 그러나 지루한 강의를 들을 때나 줄을 서서 차례를 기다릴 때는 시간이 더디게 흐른다.

　시간은 나이에 따라서도 다르게 흐른다. 어린이와 노인에게 각각 눈을 감고 있다가 1분 뒤에 눈을 뜨라고 해보라. 대개 나이가 어린 사람은 1분이 채 되기도 전에 눈을 뜨지만 나이가 많은 사람은 1분이 지난 후에 눈을 뜬다고 한다. 인간은 연령에 따라 체험이 다르게 인지되고 체감시간이 달라진다는 것이다.

처음 겪는 일은 굉장히 오래 걸리는 것으로 느껴진다. 그러나 반복해서 익숙해지면 처음보다 짧게 느껴진다. 나이가 들수록 한 해가 금방 지나가는 것 같다. 시간만 그런 것이 아니다. 공간적인 느낌도 그렇다. 처음 가는 곳은 멀게 느껴지고 자주 다녀 익숙한 곳은 가깝게 느껴진다. 돈도 많이 써 본 사람은 돈 한 다발을 풀어 봐야 쓸 것이 없듯이, 시간도 많이 써 본 사람은 일 년 열두 달이 짧게 느껴진다.

한 살짜리 어린아이가 두 살 되는 한 해의 시간은 아이가 살아온 평생만큼의 시간을 더 사는 것이다. 그러니 그 한 해가 얼마나 길고 넉넉하겠는가? 그러나 팔십 노인이 팔십한 살이 되려면 평생 살아온 세월의 1/80밖에 안 걸린다. 그러니 팔십 노인에게 한 해는 두 살 어린아이의 한 해에 비해 얼마나 짧게 느껴지겠는가? 이렇게 시간은 사람에 따라 체감의 차이가 있다.

●

광막한 우주를 계산하는 광년(光年)은 공간(空間)의 거리 값어치를 재는 시간(時間)이다. 태양을 중심으로 도는 지구의 거리 값어치를 년(年), 월(月), 일(日), 시(時), 분(分), 초(秒) … 등과 같은 방식으로 계산한 것이 우리의 시간이다. 이 값어치는 지구라는 공통분모를 가진 공간에 사는 사람들이 약정(約定)한 값어치이다. 지평의 북극점과 남극점을 최단 거리로 연결하는, 지구 표면상의 세로 선을 경선(經線)이라고 한다. 영국의 옛 그리니치 천문대를 지나는 경선의 경도를 0으로 하여 동·서로 각각 $180°$씩 $360°$로 나누어 경도(經度)를 정하고, 남극점과 북극점의 중간을 적도(赤道)로 하여 그린 가상의 가로 선을 위선(緯線)이라고 하고 위도(緯度) $0°$로 하여 남·북으로 각각 $90°$까지 나눈다.

경도의 한 지점에서 해가 뜨고 져서 다시 뜨는 것을 하루, 위도의 한 지점에서 해가 남북으로 반환하여 뜨는 것을 한 해, 한 해를 열둘로 나누어 한 달을 삼는다. 그리고 지역마다 일정한 표준시를 정해 놓고 있는데, 그것은 그 지역의 공통분모이다. 보통 해가 그 지역의 표준 위치에 올 때쯤이 정오(正午)이다. 빠른 비행기를 타고 동서로 이동하면서 지구 반대쪽으로 갈 때는 시차 때문에 작은 혼란이 온다. 아마 지구의 자전(自轉) 속도만큼 빠르게 서쪽으로 며칠 혹은 몇 달, 몇 년을 움직인다면, 관찰자의 입장에서는 해가 뜨고 진 적이 없는데 몇 년, 몇 달, 며칠이 지났다고 하면 큰 혼란이 올 것이다. 그리고 동쪽으로 자전 속도만큼 움직이더라도 날짜와 시차 때문에 착각이 들게 마련이다. 지구와 달의 인력관계로 생기는 밀물과 썰물에 의해 시간을 느끼면서 사는 물고기가 남극해 부근에서 달이 지는 속도만큼 서쪽으로 계속해서 이동한다고 가정해도 마찬가지일 것이다. 태양계의 행성들이 공전하는 주기가 서로 다르기 때문에 행성마다 1년의 값어치가 다르고, 은하계를 도는 수많은 성단(星團)의 시간 주기도 다르기는 마찬가지이다.

밤하늘을 올려보면 크고 작은 수많은 별들이 반짝거린다. 별빛은 그 숫자만큼이나 다른 세계에서 빛의 속도로 온 것이다. 빛의 속도로 1년 동안 달려간 거리를 1광년(光年)이라고 한다. 지구에서 태양까지가 8광분(光分)인데 은하계에서는 몇 광년(光年)은 가까운 편이고, 저 멀고 먼 몇 억 광년 너머의 다른 은하에서 온 별빛도 있다.

우리가 이 순간에 관찰하고 있는 별들은 제각기 발광한 시점(始點)이 다 다르다. 그 무수한 다른 시점을 우리는 관찰하는 이 순간 하나의 종점(終點)으로 묶는다. 반대로 그 많은 별에서 지구의 지금 이 순간을 관측할 수 있는 미래 시점(時點)은 별마다 다를 것이다. 거기에다 무수한 은하계가 펼쳐진 무한한 우주에서 광속으로 팽창하는 '도플러 효과'를 적용하면 절대의 시간이란 모호하다.

과거는 이미 지나간 것이며, 미래는 아직 다가오지도 않은 것이고, 현재도 현재를 느끼는 찰나에 이미 과거가 된다. 현재라는 시간은 이것이 있으면 저것이 있게 되는 연기(緣起)의 찰나이다. 영원히 계속되는 연기 속에서 원인과 조건이 만나 변하면서 사라져 가는 찰나찰나 흐름의 정점이 현재이다. 현재란 마치 물의 흐름이 파도치면서 주름지며 밀려가고 있는 그 정점(頂點)과도 같다. 연기되는 그 찰나는 이미 과거가 된다. 그것은 마치 기나긴 끈이 있어 출렁이며 흔들릴 때와도 같다. 먼 수평선에서 끝없이 출렁대며 밀려오고 밀려가는 하나의 파도 주름이 간격 없이 미끄러져 가듯이, 계속되는 연기의 흐름에 끊어짐이 없다.

　그처럼 무한하게 끝없이 이어지는 '시간의 끈'에는 끊어짐이 없다. 시간의 끈은 시작도 없고 끝도 없는 무시무종(無始無終)이다. 무시무종의 '시간의 끈'이 다가오고 사라지며 끝없이 출렁대는 주름의 정점이 현재이다. 지금 찰나의 순간은 무시무종인 '시간의 끈' 위에서 연기되고 있는 과거의 종말과 미래의 태초가 만나는 때이다. 이 현재는 과거의 종말이면서 그리고 먼 미래의 시작이기도 하니, 현재는 과거의 끝자락과 현재의 끝자락이 만나는 시점이다.

　'시간의 끈'의 모든 부분은 현재였거나 현재가 될 것이며, 미래가 될 것이거나 미래였으며, 과거가 될 것이거나 과거였다. 찰나찰나가 언제나 아득한 과거의 끝이면서 미래의 시작이 아닌 때가 없다. 현재는 과거의 종말이요, 먼 미래의 태초이다. 이 시간의 끈은 하나로 이어져 있어 끊어짐이 없고 구분이 없다.

　공간이나 시간은 따로 별개로 있는 것이 아니라 관찰자 인식의 이동이다. 우리가 살고 있는 여기 이 지점은 동서남북으로 끝없이 펼쳐진 세상의 어디쯤일까? 서울에서 동쪽을 향해 동선을 그으며 끝없이 가다 보면 동해안의 정동진을 지나 동해를 건너 일본을 지나고 다시 태평양을 건너고 아메리카 대륙을 거쳐 대서양을 지나고 유럽과 유라시아 대륙을 가로질러 중국에서 서해를 건너 다시 이 지점으로 돌아온다.

서쪽을 향해서 동선을 그으며 서쪽의 끝으로 가다 보면 그 반대의 과정을 거쳐 다시 이 지점으로 돌아온다. 남극점을 동선을 그으며 가다보면 남극을 지나고 반대쪽 경선을 따라 북극으로 갔다가 다시 경선을 따라 서울로 돌아온다. 북쪽을 향해 동선을 그으며 북쪽의 끝을 찾아가면 반대의 과정을 거쳐 다시 이 지점으로 돌아온다.

이 지점은 동서남북 모든 방향의 동선의 시작이면서도 끝이다. 내가 지점을 몇 걸음 옮겨 관측해 보더라도 그 자리도 역시 마찬가지로 그러하다. 내가 걸음걸음 옮길 때마다 관찰의 지점이 모두 그러하다. 모든 장소의 동선이 이 세상의 시작이면서 끝이 된다. 우리가 서 있는 이 공간 지점은 바로 세상의 중심이다. 우리가 옮기는 발걸음은 연기의 동선이며, 내딛는 걸음마다 이 세상의 종착점이면서 출발점이 아닌 곳이 없다. 끝이 시작과 만나고 시작이 끝과 만나는 그 극점에 언제나 내가 있구나! 모든 사람이 서 있는 자리마다 그러하다니 참으로 놀라운 일이다.

이 세상은 수많은 끈으로 짜여 있는 하나의 장이다. 시간과 공간이 함께 짜여 있고 공간과 시간이 함께 펼쳐진다. 하나의 먼지 속에도 온 우주가 담겨 있고 한 찰나에 영겁의 시간이 흐르고 있다. 참으로 경이로운 일이다. 내가 지금 서 있는 이 지점이 지구의 중심이다. 나만 그런 것이 아니라 이 세상의 모든 관찰자의 서 있는 자리, 즉 그 입장(立場)이 다 그러하다. 지금 이 자리는 시간의 끈과 공간의 선이 만나는 시공의 절대적 중심이다. 지금 이 자리는 과거도 현재도 아니면서 과거와 현재를 아우르고, 전·후도 좌·우도 아니면서 동서남북을 아우르고 있는 중도(中道)이다. 이를 떠나 언제 어디가 있는가? 중국의 선종 가운데 임제종의 개조인 임제(臨濟) 스님은 말하였다.

가는 곳마다 주인이 되고 서 있는 곳이 진리이다.
지금이 바로 그때이며 다시 시절이 없다.
隨處作主 立處皆眞
現今卽時 更無時節

삼세(三世)의 제불(諸佛)은 과거의 부처님과 현재의 부처님과 미래의 부처님을 모두 말하는 것이다. 과거의 부처님은 이미 정각(正覺)을 이룬 부처님이며, 현재의 부처님은 지금 정각 속에 살고 있는 부처님이며, 미래의 부처님은 정각을 이루게 될 부처님이다. 과거에 이미 미혹에서 깨어난 부처님들이 한량없었고, 현재 미혹에서 깨어 있는 분, 즉 부처님들도 많이 있다. 그러면 미래의 부처님은 누구이신가? 미래에 깨달음을 이룰 분은 누구인가?

석가모니 부처님은 보살계의 심지법문(心地法門)을 설하시며 "나는 이미 이룬 부처이며, 중생들은 미래에 정각을 이룰 부처이다."라고 하셨다. 미래의 부처님들은 바로 미혹에서 깨어날 현재의 중생들이다. 미래에는 석가모니 부처님으로부터 수기(授記)를 받은 미륵부처님이 제일 먼저 출현하실 것이라고 했다. 그리고 그 다음 부처님이 나타날 것이고, 또 그 다음 부처님도 나오실 것이며, 또 그 다음 다음 … 이렇게 한량없는 부처님이 나오실 것이다.

　이미 깨달음을 이룬 많은 불보살들이 '모든 중생을 다 건지오리다.'라고 서원하였다. 중중무진(重重無盡)의 법계가 둘이 아니고 만법이 하나로 돌아가며, 과거·현재·미래의 삼세가 일념(一念)으로 돌아가니 이것이 불이법(不二法)이다. 뭇 생명은 모두 나와 연기의 끈으로 맺어져 있기 때문에 저 중생은 중생이 아니라 나의 또 다른 미혹한 모습이며, 나의 깨달음은 저 중생의 또 다른 깨달음으로 이어지는 것이다.

　보현(普賢)보살은 '허공계가 다하고 중생계가 다하고 중생의 업이 다하여도 나의 서원은 다하지 않으리라.' 하고 서원하였다. 지장(地藏)보살은 '나는 지옥을 텅 비우고 일체 중생을 성불시킨 다음 마지막으로 성불하리라.' 하고 서원하신 대원본존(大願本尊)이시다.

　모든 중생은 불보살의 이와 같은 서원(誓願)의 가피(加被)를 입어 반드시 성불할 것이다. 아무리 죄업이 두터운 중생이라고 해도 지장보살의 서원에 의해 지장보살보다는 먼저 성불할 것이다. 뜨거운 연옥에서 고통 받고 있는 죄업 중생에게도 위대한 부처가 될 예약이 있다니, 이 얼마나 위대한 서원이며 깨달음이며 가르침이며 희망인가? 언제 어디에나 축복과 환희의 메시지가 넘쳐흐른다.

그 메시지가 바로 '반야바라밀다'이다. 반야바라밀다에 의해 과거의 부처님도 현재의 부처님도 미래의 부처님도 최상의 깨달음을 이루게 되는 것이다. 모든 고액의 얽매임으로부터 벗어나고 해탈하게 될 것이다. 그런 세상을 극락(極樂)이라고 부른다.

극락은 아미타불(阿彌陀佛)의 깨달음을 실천하는 세계이다. 아미타불의 이름은 범어로 아미타바 붓다(Amitābha Buddha) 또는 아미타유스 붓다(Amitāyus Buddha)라고 한다. 이 이름의 소리를 옮긴 것이 아미타불이고, 뜻으로 옮기면 아미타바 붓다(Amitābha Buddha)는 무량광불(無量光佛)이 되고, 아미타유스 붓다(Amitāyus Buddha)는 무량수불(無量壽佛)이 된다. 무량광불이든 무량수불이든 공통되는 말이 아미타(amita)이다. 아미타(amita)의 아(a)는 없다는 뜻이고, 미타(mita)는 한계, 속박, 굴레를 뜻한다. 그래서 아미타(amita)는 한계 없는, 속박 없는, 즉 무량(無量)을 뜻한다. 그래서 아미타불이 만드는 극락은 모든 존재가 어둠에서, 모든 고통으로부터 해방된 영원한 밝은 빛의 세계인 무량광(無量光)의 세계, 나고 죽음의 틀을 깬 영원한 생명의 세계인 무량수(無量壽)의 세계, 모든 막힘을 벗어나 활발발하게 살아가는 영원한 진리의 길인 무량도(無量道)의 세계이다.

내가 염주 굴리면서 법계를 살펴보며

허공으로 끈 삼으니 모든 것을 꿰는구나.

평등하신 부처님이 안 계신 곳 없으시니

서방정토 아미타불 어디서나 만나리라.

我執念珠法界觀

虛空爲繩無不貫

平等舍那無何處

觀求西方阿彌陀

진리의 메시지

고지 반야바라밀다 시대신주 시대명주 시무상주
故知 般若波羅蜜多 是大神呪 是大明呪 是無上呪

시무등등주 능제일체고 진실불허
是無等等呪 能除一切苦 眞實不虛

그러므로 알아라. 반야바라밀다는 큰 신비의 주이며, 큰 광명의 주이며, 위없는 주이며, 견줄 바 없는 주이며, 능히 온갖 고통을 없애므로 진실하여 허망하지 않느니라.

이 세상의 모든 존재는 모두가 서로 의존하며 생존한다. 그것은 마치 여러 가닥의 실로 짜여 있는 천과 같고, 여러 갈래의 노끈으로 매듭을 지으면서 이루어진 그물과 같은 것이다.

올해 유치원을 다니는 준이는 건강하고 총명하여 주위 사람들의 귀여움을 받는다. "어쩜 저렇게도 잘생기고 영리한 아이가 있을까?" 많은 사람의 칭찬을 받은 준이는 기분이 좋아 엄마 아빠에게 자랑하였다. 그 말을 들은 아빠와 엄마는 웃으면서 서로 자기를 닮아서 그렇다고 우겼다. 준이는 할아버지에게 가서 "아빠는 누굴 닮아서 공부를 잘하였나요?" 하고 물었다. 할아버지는 당신을 닮아서 그렇다고 하였다.

방학 때 외갓집에 놀러갔다가 준이는 외할머니께 엄마는 누굴 닮아 예쁘냐고 물으니 옆에 있던 외할아버지가 먼저 "그건 내가 미남이라서 그렇다."고 하셨다. 그러자 외할머니는 어이가 없다는 듯 그냥 웃고 계셨다.

어느 날 엄마의 친구가 놀러 와서 "아이구, 우리 이쁜 준이 잘도 생겼네!"라며 머리를 쓰다듬어 주었다. 신이 난 준이는 할아버지의 이야기와 외갓집에서 있었던 이야기를 하였다. 그러자 엄마의 친구는 "아니야! 그건 너희 엄마 아빠가 처녀 총각일 때 엄마 친구인 내가 중매를 잘 해준 덕분이란다. 그래서 우리 귀여운 준이가 태어난 거야. 요 녀석아! 그러니 아줌마한테 잘해야 해! 알았지!"라고 하면서 꿀밤을 먹이는 시늉을 하였다.

준이는 어리둥절해졌다. 그 모습을 본 엄마와 아빠, 엄마의 친구는 서로 바라보며 웃음을 터뜨렸다.

오늘의 준이가 있게 된 것은 엄마와 아빠를 만나게 해 준 사람의 덕도 있지만, 보다 직접적으로는 부모님이 있었기 때문이다. 아빠는 할머니와 할아버지가 있었기 때문에, 엄마는 외할아버지와 외할머니가 있었기 때문이다. 할아버지는 증조부(曾祖父)와 증조모(曾祖母)가 있었기 때문이며, 할머니는 진외가(陳外家)의 진외증조부(陳外曾祖父)와 진외증조모(陳外曾祖母)가 있었기 때문이다. 외할아버지는 외증조부(外曾祖父)와 외증조모(外曾祖母)가 있었기 때문이고, 외할머니는 외외증조부(外外曾祖父)와 외외증조모(外外曾祖母)가 있었기 때문에 가능했던 것이다. 그렇게 부계(父系)와 모계(母系)로 간단하게 4대(代)만 살펴보아도 증조부와 증조모가 여덟 분이니, 고조부(高祖父)와 고조모(高祖母)는 모두 열여섯 분이나 된다.

우선 준이가 태어나려면 부모가 있어야 하고, 부모님을 맺어준 사람이 있어야 한다. 부모가 있기 위해서 조부모들이 있었고 조부모들을 맺어준 분과 그 분의 조상과 그리고 윗대의 수많은 조상들과 그 조상과 조상이 만나게 되는 여러 요인들이 있어야 한다. 이렇게 부계와 모계로 반복되는 조상만 기하급수로 계산해도 10대의 조상은 1,024분, 100대의 조상은 대략 10^{30}이나 되며 1만 대의 조상은 어림잡아 무려 10^{330}이라는 엄청난 수가 된다. 인간의 한 세대를 30년으로 계산하면 1만 대는 30만 년의 시간이다.

준이의 한 몸에는 부모의 유전자가 들어 있고 부모에게는 양가 조부모의 유전자가 들어 있다. 이와 같이 1만 대만 계산해도 10^{330}이나 되는 조상의 유전 정보를 함축하고 있다는 계산이 나온다. 우리의 몸을 구성하는 원자의 숫자는 대략 10^{28}개 정도이며, 관측 가능한 소립자의 총수는 대략 10^{80}개이며, 우주를 중성자(中性子)로 가득 채우려면 10^{128}개 정도가 필요하다고 한다. 준이의 1만 대의 조상이 숫자상으로는 몸을 구성하는 원자의 숫자보다 많고 우주의 소립자보다도 많다. 물론 그 조상 가운데는 중복되는 조상도 많을 것이다.

그 많은 조상이 단선(單線)으로만 살아오지 않았을 것이다. 아프리카에서 시작되었다는 인류의 조상들이 우랄 산맥이나 중앙아시아, 몽고, 동남아시아 등지를 거치면서 살아오는 동안 수많은 역사의 소용돌이를 겪었을 것이다. 또한 한반도에 정착한 뒤에도 수많은 부침과 외세의 침략을 겪으면서 여러 인연이 얽히고설키는 과정을 거쳤을 터이다.

오랜 옛적 바이칼 호 주변에 살던 준이의 먼 조상 가운데 한 분이 청년 시절에 사냥을 나갔다. 청년은 하늘을 맴도는 수리매를 잡으려고 화살을 겨누었지만 이를 눈치챈 수리매가 다른 곳으로 날아가 버렸다. 매를 쫓던 청년은 그만 길을 잃고 헤매게 되었다. 날이 저물어 어느 외딴집에서 하룻밤을 지낸 인연으로 그 집의 처녀를 만나 가정을 이루게 되었다. 그때 잡으려던 수리매는 까치를 노리고 있는 중이었고, 까치는 마침 피어 있던 야생화에 앉은 나비를 노리고 있었다. 만약 그때 야생화가 피지 않았다면 나비가 그 자리에 없었을 것이고, 나비가 없으니 그를 노릴 까치도 거기 없었을 터이며, 까치가 없으니 수리매가 거기에 맴돌지 않았을 것이고, 청년은 길을 헤매지 않았을 것이며 그 외딴집에서 처녀를 만나 가정을 이루지도 않았을 것이다.

수리매도 까치도 나비도 야생화도 오늘의 준이를 형성하는 데 영향을 미친 것이다. 그 야생화는 몇 년 전 어떤 새가 씨앗을 물고 가다 떨어뜨려서 피어났다면, 꽃씨를 물고 가던 새도 준이를 형성하는 데 영향을 끼친 것이다.

우리가 섭취하는 영양원이 우리의 체질을 변화시키기도 하니, 준이의 먼 조상들이 마시고 먹던 샘물이나 식물이나 동물 또는 광물질인 영양원의 영향도 오늘의 준이를 있게 한 미미한 요인이 될 것이다. 그리고 그 영양원이 광합성을 일으킬 때 해와 달과 먼 은하계의 별에서 온 빛이 영향을 미쳤다면 그것도 준이를 형성하는 미미한 연이 되었을 것이다.

먼 옛날 우주의 먼 곳에서 별 하나가 초신성(超新星)되어 폭발하면서 발생한 고(高) 에너지를 가진 우주선(宇宙線)이 수많은 은하계를 돌아 수억 광년을 이동하다가 우연히 지구로 들어와서 어떤 생물의 유전적 형질을 바꾸어 놓기도 하였다고 한다. 지구에 생명이 탄생한 이래 지금까지 지구 생물들은 이런 우주선의 폭격을 계속 받아 왔다. 유전자 코드의 형성이나 캄브리아 기에 있었던 생물 종의 폭발적 증가와 인류 조상의 직립 보행 등 … 지구상의 생물 진화의 역사에서 결정적 시기마다 따지고 보면 모두 이런 우주선과의 상호작용에 의한 결과일 가능성이 크다고 한다. 그 별빛이 초신성의 폭발로 인해 형성되었다면 준이의 조상을 형성하는 데 그 은하계의 형성도 영향이 있었고, 그렇게 나아가다 보면 지금 우리가 알고 있는 이 우주의 원초적 대폭발인 빅뱅에까지 닿게 된다.

　오늘의 준이가 있기까지 과거를 소급해 보면 물론 조상은 한 분도 빠짐없이 동참했고, 온 인류와 함께 인류의 역사가 동참하였으며, 대자연이 모두 다 동참했던 것이고, 온 우주가 동참한 것이니, 준이는 그대로 작은 우주인 것이다. 준이만 그런 것이 아니라 모든 인류와 모든 생물과 심지어 광물(鑛物)마저도 그러한 것이니, 이 세상 낱낱의 만물 모두가 얼마나 위대한 우주적인 존재인가?

●

　어린 준이가 오늘 유치원에서 집으로 돌아오다가 신호등이 없는 건널목을 건너게 되었다. 준이가 멈칫대고 있는데 저기서 차가 한 대 오고 있었다. 준이는 빨리 집에 가고 싶은 생각에 유치원에서 배운 대로 얼른 오른손을 들고 아장아장 건너갔다.

　운전하던 젊은 분은 잠시 멈추고 준이를 바라보며 '참 귀엽게 생겼구나!' 생각하면서, 갑자기 어린 나이에 잘 크다가 병마에 시달리고 있는 조카가 떠올랐고 곧 한번 찾아가야겠다는 생각을 했다.

잠시 준이가 건너가기를 기다렸다가 그 차는 다시 출발했는데, 다음 네거리에서 막 켜진 빨간 정지 신호에 걸렸다. 다시 파란 신호등이 켜져 출발하였지만 다음 네거리에서 정지 신호에 걸렸다. 다시 출발하여 한참을 지나 커브 길을 돌아서 가는데, 뒤에서 급히 따라오던 트럭이 추월을 하려다가 맞은편에서 오던 차와 정면으로 충돌하였다. 백미러를 통해 보이는 장면이 큰 사고가 생긴 것 같아 걱정되었지만 운전자는 그대로 운전을 계속해 가버렸다.

얼마 후 사고 현장에 경찰이 오고 구급차가 오고 보험회사에서 오고 기자들이 모여들었다. 다친 사람은 병원으로 실려 가고, 응급실에서 의사들이 수술하였고, 다행히 위기는 넘긴 그 사람은 회복실로 옮겨졌다. 전화를 받은 가족들이 놀라서 병원으로 달려오고 친지들이 서둘러 병문안을 왔다.

경찰이 조서를 꾸며서 보고를 하니 도로에 있는 전광판의 [오늘의 교통사고] 숫자에 계수(計數)가 올라갔다. 보험회사에서는 절차를 밟고 보험수가를 조정했다. 기자들은 현장의 사진을 찍고 방송사로 원고를 써서 보냈다.

한편 준이는 건널목을 건너 골목 모퉁이를 돌아 들어가다가 마침 옆집 친구를 만나 "우리 집에 나팔꽃이 활짝 피었다."고 자랑하기에 따라가서 구경하였다. 거기서 친구 엄마가 준 아이스크림을 먹으며 놀다가 집으로 돌아와 대문에서 초인종을 눌렀다. 엄마는 준이를 기다리다가 유치원으로 전화를 하고 있는 중이었는데

"우리 준이가 막 도착했어요."하며 전화를 끊고 문을 열어주었다. 벌써 학원으로 가야할 시간이라 다시 짐을 챙겨 학원으로 갔다. 아빠가 퇴근길에 준이를 데리고 왔다.

함께 저녁을 먹고 쉬면서 TV를 보는데, 뉴스 시간에 교통사고가 났다면서 사고 현장의 장면이 나온다. 시청에 근무하는 아빠가 "저 곳은 작년에도 큰 사고가 난 곳이야. 몇 번이나 건의를 했는데 예산이 없어 공사를 못하고 있다."고 말하였다. 준이가 "아빠가 다시 하면 잘 될 거예요."라고 하였다. 아빠는 웃으며 "그래! 우리 준이가 시키면 그렇게 해야지."라고 말하며, 준이의 마리를 쓰다듬었다.

아주 예사로운 이야기이다. 그런데 만약 준이가 그때 신호등이 없는 횡단보도에서 손을 들고 건너지 않고 차가 지난 다음 건넜더라면, 그 차는 네거리의 신호등에 걸리지 않았을 것이고 다음 네거리에서도 걸리지 않았을 것이다. 그러면 트럭이 추월하려고 하지 않았을 것이고, 교통사고도 일어나지 않았을 것이고, 구급차나 경찰, 보험회사 직원과 기자들도 모이지 않았을 것이다. 그리고 TV 뉴스의 보도도 없었을 것이다. 조금 전에 보았던 TV 뉴스의 교통사고가 아까 유치원 앞에서 준이가 건널목을 건너려고 손을 들던 것과 관계가 있었던 것이다.

저 차가 오기 전에 내가 먼저 건너야겠다고 한 생각에 준이는 손을 들게 되었고, 고사리 같은 손을 한 번 든 작은 몸짓이 그 차의 동선(動線)을 바꾸어 그날 그런 사건을 연이어 일으키는 원인이 되었으며, 그날 시내 모든 차량의 동선을 바꾸었고 다음날은 전국 도로망의 차량 동선을 다 바꾸게 되었다. 그리고 구급차의 운행과 경찰, 보험회사 직원들, 기자와 병원 의사 등등 여러 사람들의 동선을 바꾸고 또 그 사람들과 연관된 가족들의 동선, 사고 통계의 수치 조정 등등 이루 헤아릴 수 없는 연기(緣起)가 방향과 시간을 다르게 파급되어 나갔고 그 영향은 앞으로도 끝없이 계속 파급될 것이다.

준이가 손을 들지 않고 조금 늦게 건넜더라면 골목에서 친구를 만나지도 않고 집에도 조금 빨리 도착하여 엄마가 유치원에 전화하지 않았을 거고, 그날 저녁 그런 뉴스도 보지 않았을 거다.

준이의 한 생각 일으켜 손을 든 것이 세상을 바꾸게 되었다. 그의 생각에 따라 그의 동선도 바뀌면서 찰나마다 연기 작용을 다르게 일으키게 되었다. 소위 나비 효과인 것이다.

나비 효과는 불교적으로 말하면 인드라 망(Indra 網, 因陀羅網)의 이치이다. 인드라(Indra)는 도리천(忉利天)의 왕인 제석천(帝釋天)을 말하며, 제석천이 머무는 내원궁(內院宮)의 하늘을 뒤덮고 있는 그물이 인드라 망(網)이다. 인드라 망의 그물코마다 밝은 보배 구슬이 붙어 있는데, 각각의 보배 구슬에는 다른 보배 구슬의 그림자가 모두 비치며, 거기에 비친 하나하나의 구슬 그림자 속을 보면 거기에는 또 모든 보배 구슬을 머금은 그림자가 거듭하여 모두 아롱져 비치고 있다. 다시 그렇게 모든 구슬마다에 거듭거듭 반영된다. 우리가 양손에 거울을 들고 두 거울을 마주 비추어도 서로 비추기를 거듭거듭 무한히 하는데, 온 그물의 코마다 매달린 영롱한 보배에 비치는 수많은 보배의 그림자가 중중무진(重重無盡)하다면 이 얼마나 신비하고 경이로운 일인가?

이러한 인드라 망의 이치가 저 하늘의 도리천궁에만 있는 것이 아니다. 우리가 살고 있는 이 현실이 바로 인드라 망인 것이다.

우리가 살아가는 찰나찰나 걸음걸음마다 연기(緣起)의 그물코가 생기는데, 그 그물코는 중중무진한 연기를 거치면서 매듭지으며 온 끈들이 맺어진 것이다. 이 그물코에는 저절로 구슬이 아롱지는데 그 속에는 끈이 다른 끈과 매듭을 지어 오는 동안 주고받은 모든 그림자가 다 담겨 있다.

끈과 끈을 서로 엮어 만나 그물코를 만들듯, 선과 선이 이리저리 얽히고설키면서 매듭지어 가는데 어떤 때는 한 선이 수많은 선으로 된 동아줄을 만나기도 하고, 수많은 선으로 된 동아줄끼리 만났다가 다시 수천 갈래로 흩어지기도 하는 것이다. 그것은 마치 한 사람의 연예인이 수많은 청중이나 관객을 동시에 만나거나 팀과 팀끼리 만났다가 헤어지는 것과 같다. 그러한 만남마다 인연의 구슬이 맺히는 것이다. 모든 존재가 그렇게 해왔으며 앞으로도 계속 끝없이 이렇게 연기하며 가게 될 것이다.

우리에게는 우주의 불가사의한 정보도 미래의 무한 연기를 일으킬 비밀도 모두 깊이 갈무리하고 있다. 나[我]만 그런 것이 아니라, 모든 사람[人]이 그러하고, 모든 중생(衆生)이 그러하고, 모든 존재[壽者]가 그러하고, 모든 삼계(三界)의 만유(萬有)가 그러하다.

모든 존재는 창조(創造)의 신 '브라흐마'와 유지(維持)의 신 '비쉬누'와 파괴하여 소멸(消滅)시키는 신 '시바' 등이 어울려 빚어가고 있는 환상(幻想)의 작품이다.

모든 존재는 원초의 불가시(不可視)한 빛을 프리즘을 통해 연출한 홀로그램이다.

모든 존재는 태초에 말씀이 있어 그 말씀이 말씀들을 낳고 낳아서 생긴 또 다른 말씀의 메아리이기도 하다.

모든 존재는 하나가 전체를 머금고 전체가 하나로 스며 있는 인드라 망의 구슬이다.

모든 존재는 그대로 청정한 진리의 몸이 제각기 인연 따라 모습을 달리하며 나타난 '마하무드라'의 몸짓이다.

이 불가사의한 정보와 비밀을 풀어 모든 얽매임으로부터 벗어나 올바른 연기의 실천적인 삶을 사는 열쇠가 바로 '반야바라밀다'이다. 반야바라밀다는 '모든 것은 실체가 없이 연기하는 것으로 텅 빈 것임을 바로 보아 깨닫고 이를 삶 속에 실천하는 것'이다.

모든 것은 실체가 없이 연기하는 것으로 텅 빈 것임을 바로 보아[正見] 깨닫고, 이를 바탕으로 바른 사유[正思惟]와 바른 말[正語]과 바른 행위[正業]와 바른 생활[正命]과 바른 정진[正精進]과 바른 생각[正念]과 바른 선정[正定]을 실천하면서[自利], 그런 주체 아닌 주체의 삶 속에서 연기되는 모든 대상 아닌 대상인 유정과 무정을 동화(同化)시켜나가는 '바라밀'을 실천하며 정토를 구현하는 것[利他]이다.

이러한 진리를 깨달으신 대성자(大聖者)인 부처님의 말씀이 진언(眞言)이며 원음(圓音)이며 '만트라(mantra)'이며 '다라니(dhāraṇī)'이며 주(呪)이다. 진언 속에는 일체의 진리가 갖추어 있기에 총지(摠持)라고도 한다. 이 진언을, 이 원음을, 이 주를 오늘을 사는 모든 사람에게 전해야 한다.

'반야바라밀다'는 진리를 밝혀 모든 질곡으로부터 해탈하게 하는 위대한 깨달음을 성취한 성자(聖者)의 원음(圓音)으로 말이나 글로써 표현할 수 없고 생각으로도 미칠 수 없는 불가사의한 신묘하고도 신통하고 신령스런 말씀이며 가르침이며 소식이며 희망의 메시지이다[是大神呪].

'반야바라밀다'는 모든 것이 텅 빈 것임을 밝게 보는[照見] 것이니, 천 년의 어두움이 일시에 밝아지듯 영겁의 무명이 사라지고 밝은 지혜로 모든 현상을 명명백백하게 볼 수 있는 것이니, 이것은 위대한 광명의 말씀이며 가르침이며 소식이며 희망의 메시지이다[是大明呪].

'반야바라밀다'는 모든 존재의 실상을 바로 보는 최상의 지혜이며 일체의 고액을 건지는 최상의 자비이며, 이보다 더할 나위없는 말씀이며 가르침이며 소식이며 희망의 메시지이다[是無上呪].

'반야바라밀다'는 모든 존재는 조건이 상호의존하며 연기하는 것으로 실체가 없지만, 상호의존하는 조건이 제각기 다른 것이므로 그 조건을 잘 살펴 다르면서도[無等] 같고[等] 같으면서도 다름을 알아 지혜롭게 실천·연기(緣起)하는 것이다. 이것은 다르면서도 같고 같으면서도 다른 지혜를 일깨우는 그 무엇과도 견줄 수 없는 말씀이며 가르침이며 소식이며 희망의 메시지이다[無等等呪].

●

우리는 지금 산업화의 단계를 지나 '전자정보산업혁명'이 이끄는 제3의 물질 문명으로 접어드는 과정에 있다. 즉 오늘의 사회는 이미 산업화의 단계를 지나, 정보화의 단계에 와 있는 것이다. 컴퓨터가 인간의 지능을 대신하고 있고, 이제 복제 인간을 만들고도 남을 만한 수준에 이르렀다. 오늘 우리는 인류 역사상 과학과 기술이 최고도로 발달한 사회에 살면서 문명의 혜택으로 우리의 물질적인 삶은 풍요로워졌고 성취의 속도도 가속화되었다. 사람들은 과학 기술로 산업을 성장시키는 일이 인류가 잘 사는 길이요, 선(善)의 방향이라고 생각했다.

그러나 이제는 과도한 산업 성장으로 인류가 일찍이 경험하지 못했던 심각한 여러 문제에 봉착하게 되었고, 그 심각성은 인류의 미래를 보장하기 어려울 정도가 되었으며 나아가 돌이킬 수 없는 지구의 대재앙을 불러올지도 모른다는 우려를 낳고 있다. 지구의 한정된 자원에 인구는 계속 늘어나 식량이 부족하게 되며, 또 공업화로 환경은 오염되고 많은 에너지의 소비로 지구표면의 온도는 상승하여 온난화 현상이 일어나고 있다. 또한 오존층이 파괴되어 태양의 빛을 받아 광합성을 하여 그 에너지로 살아가는 생태계는 파괴되어 식물의 성장이 둔화되고 농산물의 수확이 감소되며, 바다의 플랑크톤이 살 수 없어서 수자원도 고갈되어 가며, 과도한 자원의 낭비로 산성비가 내려 산림이 파괴되어 사막화 현상이 늘어나고 있다. 이러한 환경파괴의 문제는 인간과 다른 생명 그리고 자연이 본래 '하나'임을 모르는 잘못된 인류 중심의 문명이 빚어낸 결과이다. 인간의 근원적인 무지와 욕망을 충족하기 위한 과정에서 다른 생명을 함부로 다루고, 과학 기술을 경쟁적으로 남발한 결과로 인한 부작용이 심하기 때문이기도 하다.

이런 모든 문제는 소위 만물의 영장(靈長)이라고 자부하는 우리 인간이 만들어낸 병리현상이다. 우리 스스로가 전도(顚倒)된 사고와 가치관으로 참 생명의 신령(神靈)함을 잃어버린 인간 상실과 자기 상실의 병이다. 즉 인간이 본래부터 타고난 본래의 자기를 잃어버린 병이다.

인간이 본래의 나를 잃어버림으로써 물질이나 기계 등 수단 가치에 주인의 위치를 넘겨주게 되었고, 자신은 한낱 물질의 노예로 전락하고 만 것이다. 본래의 나를 잃어버린 사람은 온전한 삶이나 온전한 관계를 유지할 수 없다. 그가 짓는 업(業)이 다른 생명이나 자연과의 관계를 온전하게 연기(緣起)할 수 없으니, 도덕 질서의 붕괴나 심각한 환경문제와 인간과 다른 생명 그리고 자연과의 조화로운 관계가 무너지게 된 것이다. 최고도로 발달한 오늘날의 인류문명이 오히려 인류의 종말이나 지구의 대재앙을 불러오게 된다는 것은 아이러니다.

근세에 서구에서 신(神)이라는 미망(迷妄)으로부터 인간의 해방을 부르짖으며 일어난 르네상스기의 이른바 휴머니즘은 물질문명을 낳는 토대가 되었고, 오늘의 물질적인 풍요를 가져오는 데 크게 기여하였다. 또한 오늘의 문제를 초래한 원인이 되었음도 부인할 수 없다. 서구 휴머니즘적인 인간 이해는 자연과 다른 생명을 인간과 분리시키고 다른 생명과 자연을 마치 인간을 위해서 존재하는 것처럼 다루면서 미숙한 한계를 드러내었던 것이다.

자연과 인간, 나와 남이 서로 의존하며 존재하게 된다는 것을 깨닫지 못하고 인간의 감각과 지각을 충족시키는 방향으로만 치달았기 때문에 이런 부작용이 나타나게 되었다. 전체를 보지 못하고 편벽된 인간 이해를 바탕으로 근세 문명이 발달되어 왔으니, 인간 스스로도 망가지고 자연의 재앙도 불러오는 오늘과 같은 문제를 초래하게 된 것이다.

이러한 문제를 극복하기 위해 필요한 것은 나와 다른 생명, 인간과 자연이 둘이 아니라 '하나'라는 점을 깊이 인식하여야 잃어버린 인간 자신의 위치를 회복하고 나아가 나와 이웃, 인간과 다른 생명 그리고 자연과의 파괴된 관계를 회복하게 된다.

이제 인류는 이런 고도의 문명사회에 걸맞은 사고와 가치관과 그리고 이웃 자연과의 질서 속에 조화로움을 이루는 삶을 살도록 해야 할 것이다. 서구의 인본주의(人本主義) 사상이 인간 스스로 만든 신(神)의 속박에서 벗어나 인간 해방을 부르짖으며 고도의 물질문명을 이룩하였다지만, 다시 스스로 이룩한 그 문명의 부작용 때문에 고통 받게 되었으니 이제 인간 중심의 틀을 깨고 더 넓은 세계관을 가져야 한다.

예전에 고도의 정신문화를 꽃피웠던 동양문명은 나와 남이 인간과 다른 생명 나아가 나와 자연과 우주와 둘이 아니라 하나(不二)인 세계관에 기초하고 있었던 것이다. 이러한 세계관은 현대 문명의 대안(代案)이 아니라, 본래부터 그러했던 것으로 잠시 서구의 문명에 밀려 소외당하고 있었을 뿐이었다.

우리는 이제는 편리만 좇으며 물질문명을 추종하던 그 몽상(夢想)에서 깨어나야 한다. 이 세상에 존재하는 모든 것은 홀로 있는 것이 아니라 서로 떼려야 뗄 수 없이 상호의존하는 관계 속에 깊은 영향을 주고받으면서 '더불어 있다'는 연기(緣起)의 원리를 깊이 깨닫고 존재의 참모습을 바로 보아야 한다.

존재의 참다운 모습, 즉 실상(實相)은 연기의 관계 속에 존재하는 것으로 고정 불변의 실체가 없으며 항상 흐름 속에 있는 것으로 그 실체는 공(空)한 것이다. 이러한 존재의 실상에 눈을 뜨게 될 때 나와 남, 나와 대상 세계를 나누던 벽이 무너져서 모두가 하나 되니, 이것이 둘이 아닌 진리, 즉 불이법(不二法)이며 대평등(大平等)의 세계이다. 옛사람은 그러한 세계를 이렇게 표현하기도 했다.

하늘과 땅이 나와 더불어 한 뿌리요,
만물이 나와 더불어 한 몸이다.
天地與我同根
萬物與我同體

이것은 나와 남과 다른 생명 그리고 자연과 우주와 한 몸을 이룬 소식이다. 이 둘이 아닌[不二] 진리가 바로 불교의 사상적 기초이다. 따라서 그 진리에 눈뜨자는 것이 다름 아닌 불교이다. 나와 대상을 나누던 벽이 허물어져 '하나'가 되었을 때는 전혀 다른 삶이 전개된다. 나와 남이 하나인 동체(同體)이니, 남의 고통이 바로 나의 고통이므로 함께 아파하며 나의 즐거움은 남과 더불어서 함께 나누게 되는 것이다. 나의 고통에서 벗어나려면 남의 고통도 함께 벗어나게 해야 하며, 나의 안락을 위해서는 남도 안락하게 해주어야 한다. 이러한 삶의 실천은 우리 인간뿐만이 아니라 다른 이웃 생명과 모든 자연에게도 미쳐야 한다.

모든 사물은 영원히 변하지 않는 고정적인 존재는 없으며, 연기하는 가운데 존재하는 것으로 그 실체는 아무것도 없는 공(空)이다. 공이기 때문에 모든 존재와 현상이 성립할 수 있으니 공이야말로 제법의 실상이다. 불교의 공사상은 우리가 살고 있는 세상이나 인생이 무의미하고 무가치한 허무주의가 아니다. 모든 현상에는 불변의 실체가 없으며 참 생명은 너와 내가 본질적으로 다른 존재가 아니므로, 공사상은 주위의 이웃들과 자연과 서로 하모니를 이루면서 모두를 정화시켜 나가는 실천적인 삶의 바탕이 되는 것이다. 이러한 공사상을 바탕으로 대승적인 삶을 실천하는 것이 바로 '반야바라밀다'이다.

모든 것이 상호의존하여 존재하는 것으로 '내가 없으면 네가 없고' '네가 있어 내가 있는' 연기적인 흐름 속에서 너와 내가 둘이 아니고 나와 이웃이 둘이 아니고 나와 자연이 둘이 아니고 나와 우주가 둘이 아니다. 그러하니 너의 아픔이 나의 아픔이니 너의 아픔을 같이 아파하고 자연의 파괴가 나의 파괴이며 환경의 오염이 나의 오염임을 깨달아 동체대비(同體大悲)의 삶을 실천할 때에 이 세상의 모든 모순과 아픔을 치유할 수 있는 것이다.

이렇게 모든 존재의 실상을 바로 보는 최상의 지혜이며 일체의 고액을 건지는 최상의 자비인 반야바라밀다의 실천적인 삶은 모든 존재를 고통의 질곡으로부터 해탈하게 되는 것이다[能除一切苦].

진리를 밝혀 위대한 깨달음을 성취한 성자의 진리의 말씀인 반야바라밀다의 진언은 진실하여 거짓이 아니다[眞實不虛].

진실한 말 가운데 비밀한 말 펴시면서

하염없는 마음속에 대비심을 일으키네.

眞實語中宣密語

無爲心內起悲心

깨달음의 찬가

고설 반야바라밀다주 즉설주왈
故說般若波羅蜜多呪 卽說呪曰

아제 아제 바라아제 바라승아제 모지 사바하
揭諦 揭諦 波羅揭諦 波羅僧揭諦 菩提 娑婆訶

그래서 반야바라밀다주를 말하노라. 즉 주문을 설한다.
아제 아제 바라아제 바라승아제 모지 사바하

"그래서 반야바라밀다주를 말하노라."고 하는 이 말은 이제까지 반야바라밀다에 대해 설명한 바를 하나로 매듭을 지으면서, 다시 그 핵심을 거듭 말하려는 것이다.

반야바라밀다주는 『반야심경』 전체의 뜻을 함축하고 있어서 이를 번역하지 않고 범음(梵音)대로 읽는 것을 원칙으로 한다. 번역을 하면 오히려 원래의 깊고 넓은 비밀한 뜻이 감소할 뿐 아니라 그 공덕도 줄어들게 된다고 한다. 그래서 예로부터 대 역경사였던 현장이나 구마라집도 뜻을 풀이하는 의역(意譯)을 하지 않고, 소리나는 그대로 음사하는 음역(音譯)을 하였던 것이다.

그러나 비밀한 것이라면 "왜 그런가?" 하고 더 궁금증이 생기게 마련이다. 더군다나 진언(眞言)은 인도의 발음을 중국의 한자로 음역한 것이고, 그 진언을 음역하던 당시의 한자 음은 우리나라에 똑같은 소리로 전해지지 못하였다. 더구나 세월이 흐르면서 옛날의 소리가 지금은 다르게 읽히고 있다. 그러한 여러 가지 이유로 지금 우리가 암송하는 진언의 소리는 당시의 인도 발음과 매우 차이가 있을 수밖에 없다.

우리가 널리 읽는 현장본 『반야심경』의 한자로 된 주문은 '揭諦 揭諦 波羅揭諦 波羅僧揭諦 菩提 娑婆訶'이다. 이 주문을 현재 우리가 쓰고 있는 한자 발음으로 읽으면 '게체 게체 파라게체 파라승게체 보제 사파하'인데, 우리는 이를 '아제 아제 바라아제 바라승아제 모지 사바하'라고 읽고 있다.

한역본마다 주문의 음사가 조금씩 차이가 있다. 그것은 번역되던 당시의 한자 발음이 조금씩 다르기 때문이기도 하고, 경전에서 범어를 음사할 때 사용하는 글자를 다른 것으로 바꾼 까닭이기도 할 것이다. 여러 가지 이유로 주문을 음사한 글자가 번역본마다 약간의 차이가 있다.

　요즘은 과거보다 범어를 언어학적으로 연구하는 분이 많아졌다. 주문은 비밀한 것이라 뜻을 풀이하는 것이 아니라고 하여 그 소리만 전한 과거에 비해 요즘은 경전에 등장하는 주문마다 모두 범어로 환역하여서 뜻 풀이를 하고 있다. 『천수경』에 나오는 짧은 주문과 신묘장구대다라니도 모두 뜻 풀이를 하여 다시 새기고 있다. 반야바라밀다주도 그 비밀한 뜻을 언어학적으로 해체하고 조합하면서 여러 가지로 반야바라밀다주를 해석하고 있다.

　일본에서 발견된 약본과 광본 반야심경에 근거하여 살펴보면, 반야바라밀다주의 범어 원어를 영문자로 표기하면 'gate gate pāragate pārasaṃ gate bodhi svāha'이다. 우리말로 '아제 아제 바라아제 바라승아제 모지 사바하'가 범어로는 '가테 가테 파라가테 파라상가테 보디 스바하'로 읽힌다.

　가테(gate, 揭諦)는 '가다' 또는 '건너가다'라는 뜻이다. '가다'라는 뜻의 동사어근 √gam에서 파생한 단어라고 한다. 주문에 사용되는 범어는 표준어, 즉 정규 범어가 아니고 속어적(俗語的)인 용법이 주로 사용된다. gate도 그런 경우에 속하는데, 호격, 현재진행형, 미래의지격 등 여러 가지 경우로 나누어 볼 수 있다.

　파라가테(pāragate, 波羅揭諦)는 pāra와 gate가 합해진 말이다. pāra는

'저쪽 언덕', 즉 '피안(彼岸)'을 말한다. 피안은 모든 고통이 소멸한 열반적정의 세계 곧 이상향의 파라다이스(paradise)를 뜻한다. pāra와 gate를 합하여 해석하면, 피안으로 건너간다는 뜻이 된다.

파라상가테(pārasaṃgate, 波羅僧揭諦)는 pāra와 saṃ과 gate로 나뉠 수 있다. 이 가운데 saṃ[僧]은 '모두', '대중(大衆)', '일체(一切)' 등의 뜻이다. 파라상가테의 대강의 뜻은 '일체[모두]가 다 피안(paradise)으로 건너가다', '일체의 고액을 건너가다[度一切苦厄]'라는 의미가 된다.

보디(bodhi, 菩提)는 '깨달음[覺]'을 뜻한다. bodhi를 음사하여 보제(菩提)라고 쓰고, 읽을 때는 보통 '보리'라고 읽는데, 반야바라밀다주에서는 '모지'라고 읽어 왔다.

스바하(svāha, 娑婆訶)는 '원만(圓滿)', '성취(成就)', '완성(完成)'을 뜻한다.

반야바라밀다주를 이루는 각 단어의 이러한 뜻을 엮어서 그 대강을 살펴 보자. 가테(gate)를 이미 원만하게 성취된 과거형의 찬탄하는 호격(呼格)으로 보면 "가신 이여! 가신 이여! 저 언덕으로 가신 이여! 깨달음으로 원만히 성취하셨네!"라고 풀이할 수 있다.

가테(gate)를 현재의 진행형으로 보면, "건너가시네! 건너가시네! 저 언덕으로 건너가시네! 저 언덕으로 모두가 건너가시네! 깨달음으로 원만히 성취하시네!"라고 할 수 있다.

마지막으로 가테(gate)를 염원하는 미래의 의지격(意志格)으로 보게 되면 "건너가세! 건너가세! 저 언덕으로 건너가세! 저 언덕으로 모두가 건너가세! 깨달음으로 원만히 성취하세!"로 풀이할 수 있다.

주문의 전체 뜻은 모든 고액이 사라진 '파라다이스'의 세상인 저 언덕[彼岸]으로 건너가는 것은 오직 깨달음에 의해서만 성취할 수 있다[bodhi svāhā]는 것이다. 수행하고 수행하여 모두가 니르바나의 세계로 갈 수 있는 길은 깨달음에 의해서 성취할 수 있다는 것이다. 그 깨달음[悟]은 다른 것이 아니다. 이 세상을 이루고 있는 물질적인 현상과 정신적인 현상인 오온은 연기에 의해 존재하는 것으로 실체가 없이 모두 공(空)한 줄을 철저히 사무치도록 조견(照見)하는 것이다.

반야바라밀다주는 바로 『반야심경』의 첫 구절인 "오온이 모두 공한 줄을 깨달아 일체 고액을 건너간다[照見五蘊皆空 度一切苦厄]."를 노래한 것이다. 연기되는 현상 속에서 일체의 고액을 벗어나는 것은 그 현상의 실상이 공한 줄 바로 깨닫는 것이다. 오온이 공한 줄 철저히 조견하는 그것이 바로 일체 고액을 소멸하는 길이다. 그것은 마치 꿈에서 깨어나는 그 찰나에 모든 선악(善惡)과 시비(是非)의 악몽이 사라지는 것과 같다.

이 사바세계의 고해(苦海)에서 헤매고 있는 나의 고액뿐만이 아니라 이웃의 고통, 인류의 고통 나아가 세상의 환경이나 대자연의 재액까지 모두 포함한 일체 고액을 건너려면[度一切苦厄] 오온이 모두 공함을 깨달아서 그 돈오(頓悟)의 실천적인 삶[修]을 통해서 모두를 원만히 성취시키게 되는 것이다.

보살은 모든 법의 실상이 공한 줄 조견하는 깨달음을 바탕으로 닦아도 닦는 것 없고 닦는 것 없이 닦으며[修而無修 無修而修] 고액을 건져도 건지는 바 없고 건지는 바 없이 건지는 것이다. 이처럼 대자유와 대자재를 성취한 보살은 마음에 아무런 걸림이 없고 어떤 두려움도 없으며 전도된 꿈 같은 생각을 멀리 여의고, 나와 모든 이웃 생명이 슬기롭게 인연 따라 조화로운 삶이 되도록 일체 고액을 소멸한 안락한 삶이 되도록 돕는다.

허공계가 다하고 중생이 다하고 중생의 업이 다하도록 이웃을 위해 스스로를 헌신하면서 모두가 열반의 삶을 이루도록 정진하기를 서원하는 것이 보살의 삶이다. 과거·현재·미래의 부처님도 모두 이 길을 갔고, 가고 있으며, 가게 될 것이다.

그러한 수행이 바로 '반야바라밀다'이며, 그것을 지극히 찬탄하고 염원하는 찬가의 메시지가 곧 '반야바라밀다주(般若波羅蜜多呪)'이다.

아제 아제 바라아제 바라승아제 모지 사바하

摩訶般若波羅蜜多心經
마 하 반 야 바 라 밀 다 심 경

●

관자재보살 행심반야바라밀다시 조견오온개공 도일체고액
觀自在菩薩　行心般若波羅蜜多時　照見五蘊皆空　度一切苦厄

관자재보살이 깊은 반야바라밀다를 행할 때에 오온이 모두 공함을 비추어 보고 모든 고액을 벗어났느니라.

●

사리자 색불이공 공불이색 색즉시공
舍利子　色不異空　空不異色　色卽是空

공즉시색 수상행식 역부여시
空卽是色　受想行識　亦復如是

사리자여!

색(色)이 공(空)과 다르지 않고 공이 색과 다르지 않으니,

색이 바로 공이요 공이 바로 색이며,

수(受)·상(想)·행(行)·식(識)도 또한 이와 같으니라.

●

사리자 시제법공상 불생불멸 불구부정 부증불감
舍利子 是諸法空相 不生不滅 不垢不淨 不增不減

사리자여!
이 모든 법(法)은 공(空)의 상(相)이니 생겨나는 것도 아니고 사라지는 것도 아니며, 더러워지는 것도 아니고 깨끗해지는 것도 아니며, 늘어나지도 아니하고 줄어들지도 않는다.

●

시고 공중 무색 무수상행식
是故 空中 無色 無受想行識

이러므로 공(空)에는 색(色)이 없고,
수(受)·상(想)·행(行)·식(識)도 없다.

●

무안이비설신의 무색성향미촉법 무안계 내지 무의식계
無眼耳鼻舌身意 無色聲香味觸法 無眼界 乃至 無意識界

눈·귀·코·혀·몸·의식이 없고,
빛깔·소리·냄새·맛·감촉·의식의 대상이 없으니,
눈의 경계도 없고 나아가 의식의 경계도 없는 것이다.

- 무무명 역무무명진 내지 무노사 역무노사진
無無明 亦無無明盡 乃至 無老死 亦無老死盡

무명(無明)이 없고, 또한 무명이 다함도 없으니,
나아가 늙고 죽음도 없고 또한 늙고 죽음이 다함도 없다.

- 무고집멸도
無苦集滅道

괴로움[苦]과 괴로움의 원인[集]과 괴로움이 사라진 적멸[滅]과 그 적멸에 이르는 길[道]도 없다.

- 무지 역무득
無智 亦無得

지혜도 없고 또한 얻음도 없다.

- 이무소득고 보리살타 의반야바라밀다 고심무가애 무가애고
以無所得故 菩提薩埵 依般若波羅蜜多 故心無罣礙 無罣礙故

무유공포 원리전도몽상 구경열반
無有恐怖 遠離顛倒夢想 究竟涅槃

얻을 바가 없으므로 보리살타는 반야바라밀다에 의하여 마음에 걸림이 없어지고 걸림이 없으므로 두려움이 없어지고 뒤바뀐 생각을 멀리 여의게 되

어 마침내 열반에 이르게 되느니라.

●

삼세제불 의반야바라밀다 고득아뇩다라삼먁삼보리
三世諸佛 依般若波羅蜜多 故得阿耨多羅三邈三菩提

과거·현재·미래의 모든 부처님도 반야바라밀다에 의하여 최상의 바른 깨달음을 얻게 되느니라.

●

고지 반야바라밀다 시대신주 시대명주 시무상주
故知 般若波羅蜜多 是大神呪 是大明呪 是無上呪

시무등등주 능제일체고 진실불허
是無等等呪 能除一切苦 眞實不虛

그러므로 알아라. 반야바라밀다는 큰 신비의 주이며, 큰 광명의 주이며, 위없는 주이며, 견줄 바 없는 주이며, 능히 온갖 고통을 없애므로 진실하여 허망하지 않느니라.

●

고설반야바라밀다주 즉설주왈
故說般若波羅蜜多呪 卽說呪曰

아제 아제 바라아제 바라승아제 모지 사바하
揭諦 揭諦 波羅揭諦 波羅僧揭諦 菩提 娑婆訶

그래서 반야바라밀다주를 말하노라. 즉 주문을 설한다.

아제 아제 바라아제 바라승아제 모지 사바하

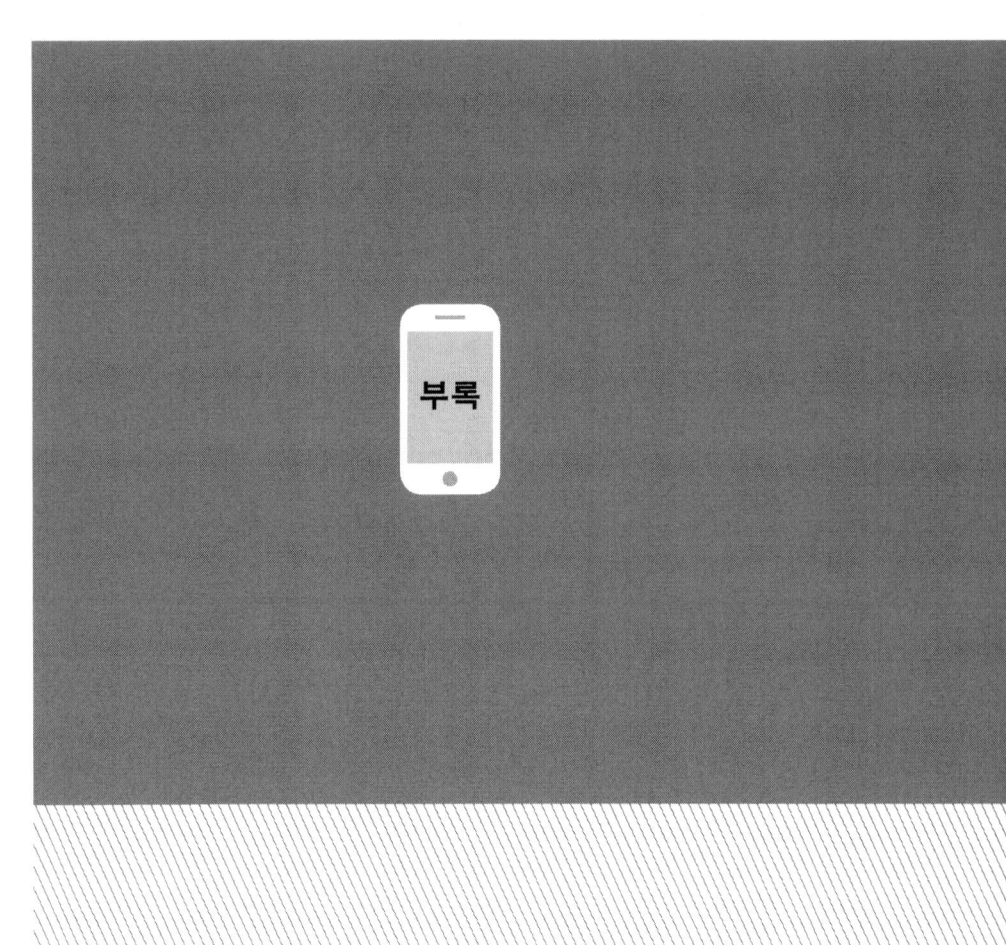

반야심경 약본
- 구마라집 삼장의 반야심경
- 당 현장 삼장의 반야심경

반야심경 광본
- 계빈국 반야 삼장과 이언 삼장의 반야심경
- 마가다국 법월 삼장의 반야심경

구마라집 삼장의
반야심경

摩訶般若波羅蜜大明呪經

姚秦 天竺 三藏 鳩摩羅什 譯

觀世音菩薩 行深般若波羅蜜多時 照見五陰空 度一切苦厄
舍利弗 色空故無惱壞相 受空故無受相 想空故無知相 行空故無作相 識空故無覺相
何以故 舍利弗 非色異空 非空異色 色卽是空 空卽是色 受相行識亦如是
舍利弗 是諸法空相 不生不滅 不垢不淨 不增不減 是空法 非過去 非未來 非現在 是故空中 無色無受想行識 無眼耳鼻舌身意 無色聲香味觸法 無眼界乃至 無意識界 無無明亦無無明盡 乃至無老死 無老死盡 無苦集滅道 無智亦無得
以無所得故 菩薩依般若波羅蜜故 心無罣礙 無罣礙故 無有恐怖 離一切顚倒夢想苦惱 究竟涅槃 三世諸佛依般若波羅蜜故 得阿耨多羅三藐三菩提
故知般若波羅蜜是大明呪 無上明呪 無等等明呪 能除一切苦 眞實不虛 故說般若波羅蜜呪 卽說呪曰

竭帝 竭帝 波羅竭帝 波羅僧竭帝 菩提僧莎訶

마하반야바라밀대명주경

요진 천축 삼장 구마라집 역

　　관세음보살이 깊은 반야바라밀을 행할 때, 오음(五陰)이 공함을 비추어 보고 일체의 고액을 벗어났느니라.

　　사리불이여! 색(色)이 공한 까닭에 무너지는 것을 괴로워하는 상(相)이 없으며, 수(受)가 공한 까닭에 느낀다는 상이 없으며, 상(想)이 공한 까닭에 안다는 상이 없고, 행(行)이 공한 까닭에 짓는다는 상이 없으며, 식(識)이 공한 까닭에 깨닫는다는 상이 없다.

　　왜 그러한가? 사리불이여! 색이 공과 다른 것이 아니고 공이 색과 다르지 않으니, 색이 곧 공이고 공이 곧 색이며, 수·상·행·식 또한 그러하기 때문이다.

　　사리불이여! 이 모든 법의 공한 상(相)은, 나지도 않고 멸하지도 않으며, 더럽지도 않고 깨끗하지도 않으며, 늘지도 않고 줄지도 않는다. 이 공한 법은 과거도 아니며 미래도 현재도 아니다. 그런 까닭에, 공한 가운데는 색도 없고 수·상·행·식도 없으며, 눈·귀

·코·혀·몸·생각도 없고, 빛·소리·냄새·맛·감촉·생각의 대상도 없어서, 눈의 경계도 없고 나아가 생각의 경계도 없으며, 무명도 없고, 또한 무명이 다함도 없으며, 나아가 늙고 죽음도 없고, 또한 늙고 죽음이 다함도 없으며, 괴로움과 괴로움의 원인과 괴로움이 사라진 적멸과 그 적멸에 이르는 길도 없으며, 지혜도 없고, 또한 얻음도 없느니라.

얻을 바가 없는 까닭에, 보살은 반야바라밀에 의지하므로 마음에 걸림이 없고, 마음에 걸림이 없으므로 두려움이 없으며, 온갖 전도된 허망한 생각과 고뇌를 벗어나 마침내 열반에 이르게 되느니라. 과거·현재·미래의 모든 부처님도 반야바라밀에 의지하므로 위없는 바르고 두루한 깨달음을 얻는다.

그러므로 알아라. 반야바라밀은 크게 밝은 주(呪)이며, 위없는 밝은 주이며, 견줄 바 없이 밝은 주이며, 능히 온갖 괴로움을 없애주므로 진실하여 허망하지 않느니라. 그래서 반야바라밀주를 설하노라. 즉 주문을 설한다.

아제 아제 바라아제 바라승아제 모지사바하

당 현장 삼장의
반야심경

●

般若波羅蜜多心經

唐 三藏法師 玄奘 譯

觀自在菩薩 行深般若波羅蜜多時 照見五蘊皆空 度一切苦厄
舍利子 色不異空 空不異色 色卽是空 空卽是色 受想行識 亦復如是
舍利子 是諸法空相 不生不滅 不垢不淨 不增不減 是故 空中無色 無受想行識 無眼耳鼻舌身意 無色聲香味觸法 無眼界 乃至無意識界 無無明 亦無無明盡 乃至無老死 亦無老死盡 無苦集滅道 無智亦無得
以無所得故 菩提薩埵 依般若波羅蜜多故 心無罣礙 無罣礙故 無有恐怖 遠離顚倒夢想 究竟涅槃 三世諸佛 依般若波羅蜜多故 得阿耨多羅三藐三菩提
故知般若波羅蜜多 是大神呪 是大明呪 是無上呪 是無等等呪 能除一切苦 眞實不虛故
說般若波羅蜜多呪 卽說呪曰

揭諦 揭諦 波羅揭諦 波羅僧揭諦 菩提薩婆訶

반야바라밀다심경

당 삼장법사 현장 역

관자재보살이 깊은 반야바라밀다를 행할 때에 오온이 모두 공(空)함을 비추어 보고 모든 고액을 벗어났느니라.

사리자여! 색(色)이 공(空)과 다르지 않고 공이 색과 다르지 않으니, 색이 바로 공이요 공이 바로 색이며, 수(受)·상(想)·행(行)·식(識)도 또한 이와 같으니라.

사리자여! 이 모든 법(法)의 공한 상(相)은, 생겨나는 것도 아니고 사라지는 것도 아니며, 더러워지는 것도 아니고 깨끗해지는 것도 아니며, 늘어나지도 아니하고 줄어들지도 않는다. 이러므로 공(空)에는 색(色)이 없고, 수·상·행·식도 없으며, 눈·귀·코·혀·몸·의식이 없고, 색·소리·냄새·맛·감촉·의식의 대상이 없으니, 눈의 경계도 없고 나아가 의식의 경계도 없는 것이다. 무명도 없고, 또한 무명이 다함도 없으니, 나아가 늙고 죽음도 없고 또한 늙고 죽음이 다함도 없다. 괴로움과 괴로움의 원인과 괴로움이 사라진 적멸과 그 적멸에 이르는 길도 없으며, 지혜도 없고 또한 얻음도 없느니라.

얻을 바가 없으므로 보리살타는 반야바라밀다에 의하여 마음에 걸림이 없어지고, 걸림이 없으므로 두려움이 없어지고 뒤바뀐 생각을 멀리 여의게 되어 마침내 열반에 이르게 되느니라. 과거·현재·미래의 부처님도 반야바라밀다에 의하여 최상의 바른 깨달음을 얻게 되느니라.

그러므로 알아라. 반야바라밀다는 아주 신통한 주(呪)이며, 가장 밝은 주이며, 더없이 높은 주이며, 무엇으로도 견줄 수 없는 주이며, 능히 모든 괴로움을 없애는 것이니 이는 진실하여 거짓이 아니다. 그래서 반야바라밀다주를 말하노라. 즉 주문을 설한다.

아제 아제 바라아제 바라승아제 모지사바하

계빈국 반야 삼장과
이언 삼장의 반야심경

般若波羅蜜多心經

罽賓國 三藏 般若共利言 等譯

如是我聞

一時佛在王舍城耆闍崛山中 與大比丘衆及菩薩衆俱 時佛世尊卽入三昧 名廣大甚深 爾時衆中有菩薩摩訶薩 名觀自在 行深般若波羅蜜多時 照見五蘊皆空 離諸苦厄 卽時舍利弗承佛威力 合掌恭敬 白觀自在菩薩摩訶薩言

善男子 若有欲學甚深般若波羅蜜多行者 云何修行

如是問已 爾時觀自在菩薩摩訶薩 告具壽舍利弗言

舍利子 若善男子善女人 行甚深般若波羅蜜多行時 應觀五蘊性空

舍利子 色不異空 空不異色 色卽是空 空卽是色 受相行識 亦復如是

舍利子 是諸法空相 不生不滅 不垢不淨 不增不減 是故空中無色 無受相行識 無眼耳鼻舌身意 無色聲香味觸法 無眼界 乃至 無意識界 無無明 亦無無明盡 乃至無老死 亦無老死盡 無苦集滅道 無智 亦無得

以無所得故 菩提薩埵依般若波羅蜜多故心無罣礙 無罣礙故無有恐怖 遠

離顚倒夢想 究竟涅槃 三世諸佛依般若波羅蜜多故 得阿耨多羅三藐三菩提

故知般若波羅蜜多 是大神呪 是大明呪 是無上呪 是無等等呪 能除一切苦 眞實不虛 故說般若波羅蜜多呪 卽說呪曰

蘗諦 蘗諦 波羅蘗諦 波羅僧蘗諦 菩提娑婆訶

如是舍利弗 諸菩薩摩訶薩 於甚深般若波羅蜜多行 應如是行
如是說已 卽時世尊從廣大甚深三摩地起 讚觀自在菩薩摩訶薩言
善哉善哉 善男子 如是如是 如汝所說 甚深般若波羅蜜多行 應如是行 如是行時一切如來皆悉隨喜
爾時世尊說是語已 具壽舍利弗大喜充遍 觀自在菩薩摩訶薩亦大歡喜 時彼衆會天人阿修羅乾闥婆等 聞佛所說皆大歡喜 信受奉行

반야바라밀다심경

계빈국 삼장 반야와 이언 공역(共譯)

이와 같이 나는 들었다.

어느 때 부처님께서 왕사성 기사굴 산중에서 큰 비구 대중 및 보살 대중과 함께 계셨는데, 그때 부처님 세존께서는 '광대심심' 삼매에 들어 계셨다. 이때 대중 가운데 한 보살마하살이 있어서, 이름을 '관자재(觀自在)'라고 하였는데, 깊은 반야바라밀다를 행할 때, 오온이 모두 공함을 비추어 보고, 모든 고액을 떠났다. 이때 구수(具壽) 사리불이 부처님의 위신력을 받들고 합장 공경하면서 관자재보살마하살께 물었다.

"선남자가 만약 깊고 깊은 반야바라밀다의 행을 배우려면 어떻게 수행을 해야 합니까?"

이와 같이 묻자, 이때 관자재보살마하살이 구수 사리불에게 말했다.

"사리자여! 만약 선남자와 선여인이 깊고 깊은 반야바라밀을 행할 때는 마땅히 오온의 성품이 공함을 관(觀)하여야 한다.

사리자여! 물질이 공과 다르지 않고, 공은 물질과 다르지 않으니, 물질이 곧 공이고, 공이 곧 물질이며, 감수·표상·의지·인식 또한 이와 같으니라.

사리자여! 이 모든 법의 공한 모습은 나지도 않고, 없어지지도 아니하며, 늘지도 않고 줄지도 아니한다. 그러므로 공 가운데는 물질도 없고, 감수, 표상, 의지, 인식도 없으며, 눈·귀·코·혀·몸·생각도 없고, 색·소리·냄새·맛·감촉·대상도 없으며, 눈이 인식하는 경계도 없고, 나아가서 생각이 인식하는 경계도 없으며, 무명도 없고, 또한 무명이 다함도 없으며, 나아가서 늙고 죽음도 없고, 또한 늙고 죽음이 다함도 없으며, 고통과 고통의 원인과 고통이 사라진 적멸과 적멸에 이르는 길도 없고, 지혜도 없으며, 또한 얻는 것도 없느니라.

얻을 것이 없기 때문에 보리살타는 반야바라밀다에 의지하므로 마음에 걸림이 없고, 마음에 걸림이 없으므로 두려움이 없으며, 뒤집힌 허망한 생각을 멀리 벗어나 마침내 열반에 이르게 된다. 과거·현재·미래의 모든 부처님도 반야바라밀다에 의지하므로, 위 없는 바르고 두루한 깨달음을 얻으시니라.

그러므로 알아라. 반야바라밀다 주(呪)는 큰 신비의 주이며, 큰 광명의 주이며, 위없는 주이며, 견줄 바 없는 주여서 능히 온갖 고통을 없애니, 참되고 실다워서 허망하지 않느니라. 이에 반야바라밀다주를 설하노라. 즉 주문을 설한다.

   아제 아제 바라아제 바라승아제 모지사바하

 이와 같이, 사리불이여! 모든 보살마하살이 깊고 깊은 반야바라밀다를 행함에, 마땅히 이와 같이 행하느니라."

 이렇게 말을 마치자, 그때 세존께서는 광대심심(廣大甚深) 삼매로부터 일어나셔서 관자재보살을 칭찬하여 말씀하셨다.

 "훌륭하고, 훌륭하도다. 선남자야! 이러하고 이러할지니, 그대가 말한 바대로 깊고 깊은 반야바라밀다의 행은 마땅히 이렇게 행하리니, 이와 같이 행할 때 모든 여래가 모두 함께 따라서 기뻐하리라."

 그때 세존께서 말씀을 마치시자, 구수 사리불은 큰 기쁨으로 충만하였으며, 관자재보살마하살도 또한 크게 기뻐하였으며, 당시에 저 대중 집회에 모인 천인, 아수라, 건달바 등이 부처님의 말씀을 듣고 모두 크게 기뻐하면서 믿고 받아 지니며, 받들어 행하였다.

마가다국 법월
삼장의 반야심경

普遍智藏般若波羅蜜多心經

摩竭陀國 三藏 沙門 法月 重譯

如是我聞

一時佛在王舍大城靈鷲山中 與大比丘衆滿百千人 菩薩摩訶薩七萬七千人 俱 其名曰 觀世音菩薩 文殊舍利菩薩 彌勒菩薩等 以爲上首 皆得三昧摠持 住不思議解脫 爾時觀自在菩薩摩訶薩在彼敷坐 於其衆中卽從座起 詣世尊所 面向合掌曲躬恭敬 瞻仰尊顏而白佛言

世尊我欲語此會中 說諸菩薩普遍智藏般若波羅蜜多心 唯願世尊聽我所說 爲諸菩薩宣秘法要

爾時世尊以妙梵音 告觀自在菩薩摩訶薩言

善哉善哉 具大悲者 聽汝所說 與諸衆生作大光明

於是觀自在菩薩摩訶薩 蒙佛聽許 佛所護念 入於慧光三昧正受 入此定已 以三昧力 行深般若波羅蜜多時 照見五蘊自性皆空 彼了知五蘊自性皆空 從彼三昧安詳而起 卽告慧明舍利弗言

善男子 菩薩有般若波羅蜜多心 名普遍智藏 汝今諦聽善思念之 吾當爲汝分別解說

作是語已 慧命舍利弗 白觀自在菩薩摩訶薩言

唯大淨者 願爲說之 今正是時

於斯 告舍利弗

諸菩薩摩訶薩應如是學 色性是空空性是色 色不異空空不異色 色卽是空空卽是色 受想行識亦復如是 識性是空空性是識 識不異空空不異識 識卽是空空卽是識

舍利子 是諸法空相 不生不滅不垢不淨不增不減 是故空中無色 無受想行識 無眼耳鼻舌身意 無色聲香味觸法 無眼界乃至無意識界 無無明亦無無明盡 乃至無老死亦無老死盡 無苦集滅道 無智亦無得

以無所得故 菩提薩埵依般若波羅蜜多故心無罣礙 無罣礙故無有恐怖 遠離顚倒夢想 究竟涅槃 三世諸佛依般若波羅蜜多故 得阿耨多羅三藐三菩提

故知般若波羅蜜多是大神呪 是大明呪 是無上呪 是無等等呪 能除一切苦 眞實不虛 故說般若波羅蜜多呪 卽說呪曰

揭諦 揭諦 波羅揭諦 波羅僧揭諦 菩提薩婆訶

佛說是經已 諸比丘及菩薩衆 一切世間天人阿修羅乾闥婆等 聞佛所說皆大歡喜 信受奉行

보변지장반야바라밀다심경

마갈타국 삼장사문 법월 중역(重譯)

이와 같이 나는 들었다.

어느 때 부처님께서는 왕사대성 영취산 중에서 큰 비구 대중 백천명과 보살마하살 7만 7천 인이 함께 가득하였는데, 그 이름이 관세음보살, 문수사리보살, 미륵보살 등이 상수(上首)로 있었으며, 모두 삼매총지를 얻어 부사의한 해탈 경계에 머물렀다. 이때 관자재보살마하살이 자리를 펴고 앉아 있다가, 대중 가운데서 바로 자리에서 일어나 세존이 계신 곳으로 나아가 합장하고 몸을 굽혀 공경하면서 거룩한 얼굴을 우러러보며 부처님께 사뢰었다.

"세존이시여! 제가 이 회중에서 모든 보살의 '보변지장반야바라밀다심(普遍智藏般若波羅蜜多心)'을 설하고자 합니다. 원컨대 세존께서는 저의 설할 바를 허락하시어 모든 보살을 위해서 비밀한 법의 요지를 펴게 하옵소서."

그때 세존께서는 미묘한 범음으로 관자재보살마하살에게 말씀하셨다.

"훌륭하고, 훌륭하도다. 대비(大悲)를 갖춘 이여! 그대가 설하도록 허락하노니, 모든 중생에게 큰 광명을 지어라."

이때 관자재보살마하살이 부처님의 허락을 받고 부처님이 호념(護念)하시게 되어 혜광(慧光) 삼매의 선정에 들게 되었다. 이 선정에 들어가 삼매의 힘으로 깊은 반야바라밀다를 행할 때, 오온의 자성(自性)이 모두 공함을 비추어 보았다. 그는 오온의 자성이 모두 공함을 깨달아 알고는 편안하고 상세한 삼매에서 일어나 곧 혜명(慧明) 사리불에게 말하였다.

"선남자여! 보살에게 반야바라밀다의 마음이 있으니 이름하여 보변지장(普遍智藏)이라 한다. 그대는 이제 잘 살펴 듣고 사유해야 할 것이니, 내가 마땅히 그대를 위해 분별하여 해설하리라."

이 말을 마치니, 혜명 사리불이 관자재보살마하살에게 말하였다.

"크게 청정하신 분이시여! 원하오니 설하소서. 지금이 바로 그때인가 합니다."

이에 사리불에게 말하였다.

"모든 보살마하살은 마땅히 이와 같이 배워야 하느니라. 물질의 성품이 공(空)이며 공의 성품이 물질이니, 물질이 공과 다르지 아니하고 공이 물질과 다르지 아니하며 물질이 곧 공이고 공이 곧 물질이니라. 감수·표상·의지·의식도 또한 이와 같아서, 의식의 성품이 공이고 공의 성품이 의식이니, 의식이 공과 다르지 않고 공이 의식과 다르지 않으며, 의식이 곧 공이고 공이 곧 의식이니라.

사리자여! 이 모든 법의 공한 모습은 나지도 않고, 없어지지도 않으며, 더럽지도 않고, 깨끗하지도 않으며, 늘지도 않고 줄지도 않는다. 그러므로 공 가운데는 물질도 없고·감수·표상·의지·인식도 없으니, 눈·귀·코·혀·몸·생각도 없고, 물질·소리·냄새·맛·감촉·생각이 없어서, 눈이 인식하는 경계도 없고 나아가서 생각이 인식하는 경계도 없으며, 무명도 없고, 무명이 다함도 없으며, 나아가서 늙고 죽음도 없고, 늙고 죽음이 다함도 없으며, 고통과 고통의 원인, 고통의 소멸과 고통의 소멸에 이르는 길도 없고, 지혜도 없으며 또한 얻음도 없느니라.

얻을 바가 없으므로, 보리살타는 반야바라밀다에 의지하여 마음에 걸림이 없고, 마음에 걸림이 없으므로 공포가 없으며, 뒤

집힌 허망한 생각을 멀리 벗어나 마침내 열반에 이르게 되느니라. 과거·현재·미래의 모든 부처님도 반야바라밀다에 의지하므로 위없는 바르고 두루한 깨달음을 얻느니라.

그러므로 알아라. 반야바라밀다는 큰 신비의 주이며, 큰 광명의 주이며, 위없는 주이며, 견줄 바 없는 주이며, 능히 온갖 고통을 없애므로 진실하여 허망하지 않느니라. 그래서 반야바라밀다주를 설하노라. 즉 주문을 설한다.

아제 아제 바라아제 바라승아제 모지사바하"

부처님께서 이 경을 설하시고 나니, 모든 비구와 보살 대중과 일체 세간의 하늘·사람·아수라·건달바 등이 부처님께서 설하신 바를 듣고는 모두 크게 기뻐하여 믿고 받아 지니며 받들어 행하였느니라.

대승불교의 정수
반야심경

2011년 4월 13일 초판 1쇄 발행
2025년 6월 27일 초판 2쇄 발행

지은이 현봉(玄鋒)
발행인 박상근(至弘) • 편집인 류지호 • 편집이사 양동민
편집 김재호, 양민호, 김소영, 최호승, 정유리, 이란희, 이진우 • 디자인 쿠담디자인
제작 김명환 • 마케팅 김대현, 김대우, 이선호, 류지수 • 관리 윤정안
콘텐츠국 유권준, 김희준
펴낸 곳 불광출판사 (03169) 서울시 종로구 사직로10길 17 인왕빌딩 301호
　　　　대표전화 02) 420-3200 편집부 02) 420-3300 팩시밀리 02) 420-3400
　　　　출판등록 제300-2009-130호(1979. 10. 10.)

ISBN 978-89-7479-641-9 (03220)

값 16,000원

잘못된 책은 구입하신 서점에서 바꾸어 드립니다.
독자의 의견을 기다립니다. www.bulkwang.co.kr
불광출판사는 (주)불광미디어의 단행본 브랜드입니다.